汉语知识丛书

# 汉语汉字答问

刘又辛



商務印書館
创于1897 The Commercial Press

**图书在版编目(CIP)数据**

汉语汉字答问/刘又辛著.—北京:商务印书馆,
1997(2023.5重印)
(汉语知识丛书)
ISBN 978-7-100-01954-5

Ⅰ.①汉… Ⅱ.①刘… Ⅲ.①汉语—问答
Ⅳ.①H1-44

中国版本图书馆CIP数据核字(95)第11712号



汉 语 知 识 丛 书
HÀNYǓ HÀNZÌ DÁWÈN
**汉语汉字答问**
刘又辛

商 务 印 书 馆 出 版
(北京王府井大街36号 邮政编码100710)
商 务 印 书 馆 发 行
北京虎彩文化传播有限公司印刷
ISBN 978-7-100-01954-5

1997年10月第1版 开本787×1092 1/32
2023年5月北京第7次印刷 印张4¾
定价:40.00元

# 目　录

# 前　言

从 1982 年开始，我给汉语史专业的硕士研究生讲过文字学、训诂学和汉语专题研究等课程。1985、1986 两年，还在中国音韵学研究会的音韵学研究班和古汉语研究班上讲过训诂学。这些年有幸结交了来自各地的青年学友，在课堂上和在课外，常常讨论一些汉语、汉字方面的疑难问题。他们思想活跃，求知心切，有些问题要“打破砂锅——璺(问)到底”，按照一般的解释不能交卷。这促使我认真钻研，等得出新解然后答覆。我写的几部书和十几篇论文，有不少是在他们提问和讨论的启发下写成的。还有些没有写下来的问题，现在加以整理，写成这一本小书，前一部分讲汉语，后一部分讲汉字。因为保持了原来问答的情况，因而袭用太炎先生《小学答问》的命名之意，用了这个书名。

这些问题的收选有个大致的标准，凡是一般论著中都已讲清楚的问题就不多讲。在研究这些问题时还有个前后一致的着眼点，就是多从历史发展的角度分析汉语、汉字。近几十年来，由于受到美国描写语言学派的影响，我国的汉语研究在共时的描写方面用力多，历时的探讨不够；在汉字研究方面，古文字的辨识成果较丰，汉字发展的探讨也较少。我的着眼点是想在这方面弥补过去的不足。疏漏谬误之处,希望得到同行好友的指正。

刘 又 辛

一九九四年四月三日　八十一岁记

# 01

问：汉语、中国语、华语、普通话、国语，是否都指汉语而言？有无区别？

答：各国各个地区对汉语叫法不一。国际上通称为中国语（Chinese），新加坡、印尼、菲律宾等地称“华语”，台湾称“国语”，新中国成立后称“汉语”。华语的“华”即中华民族的华，华语和中国语同义。

“国语”这个词是从清朝末年的官话字母、简字运动发展而成的。1913年吴敬恒、钱玄同、黎锦熙等人经当时教育部同意组成国语统一筹备会，校定注音字母，出版《国音字典》。1916年在北京成立了国语研究会，主张“言文一致”和“国语统一”，请教育部下令改国文科为国语科。1918年教育部正式公布注音字母，并决定各高等师范学校附设“国语讲习科”，以专教注音字母及国语、培养国语教员为宗旨。这就是国语运动和国语一词创始的大概情况。

“国语”包括两方面内容：一是当时提倡的白话文；一是以北京音为标准。“国语”本是一个普通名词，每一个国家都有各自的国语，即标准语。例如，英国的国语是以伦敦方言为基础的标准语；日本的国语是以东京方言为基础的标准语。中国的“官话”从明代以后就以北京音为基础，后来改称国语，是受了日本的影响。*

解放后，1955年在北京召开了现代汉语规范问题学术会议。在这次会议上，确定了汉语命名的根据，规定了现代汉语普通话的规范，通过了汉语拼音方案。这是国语运动的进一步发展。

为什么把中国语叫做汉语，因为中国是一个多民族的国家，已经确定的民族语言共有八十多种，汉语是其中之一。** 因为汉语在我国使用人口最多，在国内外影响也最大，所以"中国话"和"汉语"几乎成为同义词。国外的Chinese、华语，其实指的都是汉语。正名为"汉语"，符合语言学的分类标准，也符合我国多民族语言的实际。

"现代汉语普通话"（简称普通话）这个术语，是对"国语"的重新规定。"普通话"在语音、词汇、语法三方面都有严格的规范。第一，"以北京语音为标准音"，这是语音规范，这一点同"国语"的规定相同。第二，"以北方话为基础方言"，这是词汇规范。这一条很重要，过去的国语运动，认为只要提倡白话文就行了。明清的白话小说，"五四"时期用南方方言写的白话小说，都一视同仁，不加区别。这样规定下来，普通话的轮廓就非常清楚了。第三，"以典范的现代白话文著作为语法规范"，这是语法方面的规范，也是范文的规范。这三条合起来，成为普通话的规范。

随着中国国际地位的提高和影响的扩大，现代汉语普通

---

* 参考黎锦熙著《国语运动》 1913年商务印书馆出版《万有文库》本。

** 参看马学良主编《汉藏语概论》 1991年北京大学出版社出版。

话的学习,在世界许多国家日益兴盛,在国外,大多数仍把汉语叫做 Chinese,但实际上则指的是“普通话”。

# 02

问：汉语的“汉”是怎么来的？是否同汉朝的汉有关？汉语是如何形成的？

答：“汉”本是水名。《尚书·禹贡》说：“嶓冢导漾，东流为汉。”汉就是汉水。杜佑《通典》卷175说：“汉中金牛县嶓冢山，禹导漾水，东流为汉水，亦曰沔水。”金牛县今属陕西宁强县，嶓冢山是漾水的发源地，东流到汉中市以下为汉水，公元前206年项羽封刘邦为汉王，“王巴、蜀、汉中，都南郑”，后来刘邦统一天下，以“汉”为国号。汉朝是统一中国后影响最大时间最长的大帝国，因而“汉”便成为民族名、国名，汉语的“汉”也由此而来。

但是汉族与汉语的形成，决不是开始于刘邦封汉王，或汉王朝的建立。一个民族和民族语言的形成要比他的名称早得多。汉族、汉人这个称呼可能是在南北朝时才通行的，魏晋以后，北方民族纷纷入主中原，民族接触非常频繁，这时才有了这个称呼，但是汉族的形成则要早得多。

汉族的形成史，应当从以汉族为核心的中华民族的历史说起。从书面材料看，《史记·五帝本纪》根据古代传说和司马迁的实地考察，勾画了黄帝、尧、舜的活动史，《夏本纪》、《殷本纪》、《周本纪》记载了夏、商、周三代的历史。从这些记载可以推断，在中国土地上活动的许多部族、民族，经过长期的争斗和融合，到了夏朝（公元前4000年左右），逐渐形成了一个以华夏族为核心的格局*。这便是汉族的前身。当时的语言也就是原始汉语。

这个设想可以同考古学的材料相印证，还可以同当前汉族与全国各少数民族既融合又并存而又共同组成中华民族的局面相印证。

中华民族从夏朝开始（或更早）已经形成了以华夏（或称诸夏）为核心的格局，四五千年来，不断融合周围各民族的一部分（或大部分），就像滚雪球一样，越来越大。未融合的民族逐渐从北向南迁移，北方和西北的民族也退向边远地区。有时统治中原的民族是从北方来的少数民族，但这些民族几乎全部融合在汉族中，改为使用汉语。远的不说，蒙古族和满族先后统治中国四百余年，结果，一大部分蒙古族人和几乎全部满族人都融合在汉族中，这些人完全放弃了原来的民族语言。这是汉族、汉语融合少数民族及其语言的典型事例。

可以给汉语发生发展的历史勾画一个轮廓：大约在四千多年前，已经形成了原始汉语，可以叫做华夏语。后来到了商代，发展成上古汉语，地下发掘的甲骨卜辞，就是商代的上古汉语书面语言。到春秋战国时期，汉语发展成更为成熟的语言。从上古汉语到中古汉语，再发展到现代汉语，四千多年来一脉相承，从未中断。在当今世界各种语言中，汉语是历史最悠久而且至今还有十多亿人使用的语言。

---

* 参看费孝通《中华民族多元一体格局》 1989年中央民族学院出版社出版。

# 03

问：请谈谈汉语的特点。

答：先谈谈历史特点。汉语是历史悠久而至今还活着的语言。从人类发展的历史来看，每一个民族都有自己的语言。有些民族曾经有过辉煌的成就，给后代留下大量文字资料，给人类文化做出巨大的贡献。但是许多古老的语言文字都成了死的语言，死的文字。例如埃及的象形文字以及用这些文字记录的古埃及语言，同现在埃及使用的语言文字，并没有继承关系。汉语则不同。汉语的历史，如果从可靠的文字记载——甲骨文算起，有三千多年。从甲骨卜辞所记录的当时语言来看，汉语也已经是词汇丰富、语法结构严密的成熟的语言。再用古籍中有关材料同地下发掘的材料相对照，可以设想，早在四五千年前，汉语已在逐渐形成。我们今天使用的现代汉语，就是从原始汉语、上古汉语不断演变而成的。在四五千年的演变过程中，汉语不断吸取周围许多少数民族语言和国外的一些语言成分，本身在语音、词汇、语法方面也不断演变，以至分化成许多方言。但是汉语的基本词汇和语法特点，汉语语音的基本特点，都没有根本的变化。春秋战国时期的著作，在今天，只要具有中等以上的文化水平，就可以大致读懂。这可以证明，古今汉语的继承是很明显的。这种情况，让许多外国专家看起来感到惊奇。四五千年几乎是人类文明的大部分历史，汉语历经四五千年的发展，直到今天仍然有全世界四分之一以上的人口在使用，这不能不说是汉语的一大特点。

从语言学的角度看，汉语在语音结构、词汇和语法规则方面都有一些特点。

汉语的语音体系有几个特点：

一是音节数目不多，拿北京音来说，音节只有一千一百多个，如不计声调，只有四百多个。

每个音节的构成也有严格的规律。我国的音韵学家，习惯上把每一个音节分成声母和韵母两部分。北京音共有 21 个声母，35 个韵母，声母都是单音素，没有 pl-dl-st-gr- 这一类的辅音群。有些音节没有声母，音韵学上叫零声母。韵母由韵头、韵腹、韵尾三部分构成，但有的或缺韵头，或缺韵尾，有的只有韵腹。例如"天"[thian] 这个音节的 /th/ 是声母，/i/ 是韵头，/a/ 是韵腹，/n/ 是韵尾。"烟"[ian] 这个音节是零声母。"谈"[than] 缺少韵头。"铁"[thiə] 缺少韵尾。"他"[tha] 只有声母和韵腹。"阿"[ɑ] 只有韵腹。

声母和韵母的结合有选择性，并不是所有的声母和所有的韵母都能任意结合。例如，北京音声母 [k]、[kh]、[x] 不能同韵母 [i] 或以 [i] 为韵头的韵母结合。没有 [ki]、[xi] 这类音节。

音节有声调的区别，这是汉藏语系多数语言的特点。汉语各地方言声调的调类和调值多不相同。北京音有四个声调：阴平，阳平，上声，去声。一个音节加上一定的声调，才能表示一个词素或词。例如，单说 [thaŋ] 这个音节，意思不确定，要读成阴平调，才能表示汤（菜汤）、镗（钟鼓声）这两个词。读为阳平调，表示糖、唐（唐朝、姓唐）、塘（水塘）、堂（课堂）这几个词（或词素）。读为上声调，表示倘（倘若）、淌（淌眼泪）、躺（躺下）这几个词（或词素）。读成去声表示烫（开水烫手）、趟（走了一趟）。

每一个音节都可以读出四类，但是有些音节并不表示词义，例如，去声 [khuai] 这个音节表示"快"、"筷"（筷子）、会（会计）、脍（脍炙人口）、块（土块）等词（词素）；上声 [khuai] 表示扻（扻着篮子）、蒯（蒯草）两个词，阴平、阳平都不表示任何词。[nuan] 只有上声"暖"这个词素。[nüe] 只有去声疟（疟疾）、虐（虐待）这两个词素。因为有这种选择性，声母、韵母的配合加上声调虽然共有 2940 个音节，但实际上却只有一千一百多个用得着。

用一千多个音节记录几万乃至几十万个词语，这是个很"节约"的语音体系，但是，有个大弊病，就是同音词太多，补救的办法之一，是使单音词变成复音词。例如，单说一个 [khuai˅]，是快慢的"快"，筷子的"筷"，还是土块的"块"？很不容易确定。如果说成快乐、筷子、土块，就不会产生歧义了。但是单音节词仍然不少。例如，"快"在"心直口快"、"大快人心"、"身子不快"等语句中，"筷"在"洗碗洗筷"中，"块"在"一块布"、"一块国土"中，都只用单音词。

汉语的这个语音特点，比起那些多音节语言来，显得语言简洁而节奏分明。例如，两人见面时说"你好！"只用两个音节。英语说 How are you? 三个音节。俄语说 здравствуйте

七个音节。回答“这么办好不好?”这个问句,汉语说“好!”一个音节。英语说:“O.K.”两个音节。俄语说 хорошо,三个音节。用英语或俄语写的文件,厚厚的一大本,用汉语写则要薄得多。这是汉语在应用上的一个特点。至于节奏分明这个特点,留在以后讲中国诗词的时候再说吧。

汉语的词汇方面也有一些特点。一是现代汉语没有形态变化;二是复音词成为主要的词汇结构;三是新词的创制往往是利用旧词素组合而成。

先说形态变化。现代汉语基本上没有词的形态变化。例如,“走”这个词,在“他走了”这句话中,“走”做谓语,是个动词。在“走和跑都跟不上汽车”一句话中,“走”是名词,做主语,两个“走”没有形态变化。英语“他走路”说 He walks, walks 是动词,名词就得说成 walking,加上 -ing 这个词尾。动词的现在时、过去时、进行时也要有变化。

上古汉语可能具有形态变化。现代汉语也还有些类似形态的遗迹。例如,“唱”是动词。“唱儿”是名词;“盖”是动词,“盖儿”是名词。用儿化表示词性的变化。又如,老虎、老鼠的词头“老”,阿毛、阿狗的词头“阿”,也有人认为是名词的形态。但这种现象在现代汉语中并不普遍。

现代汉语词汇的第二个特点是复音词的增多。这可以用古今汉语作个比较。例如,《论语》这部书,可以作为春秋战国期间口语的代表,《论语》第一章第一句话是:

> 子曰:“学而时习之,不亦说乎?有朋自远方来,不亦乐乎?人不知而不愠,不亦君子乎?”

这段话共三个复句,32个字,却记录了30个词,只有“君子”

和“有朋”两个复音词(“有朋”即“友朋”,同“朋友”),其余都是单音节词。这些单音词,现代汉语多变成复音词。例如,“子”现在多称“先生”、“老师”;“学”作“学习”;“时”作“时常”、“常常”;“习”作“温习”、“练习”;“说”(悦)作“喜悦”、“快乐”;“人”作“别人”、“人家”;“知”作“知道”、“了解”;“愠”作“恼怒”、“怄气”。

下面再引一段用现代汉语写的文章:

读死书变成书呆子,甚至于成为书厨,早有人反对过了。时光不绝的进行,反读书的思潮也愈加彻底,于是有人来反对读任何一种书。他的根据是叔本华的老话,说是倘读别人的著作,不过是在自己的脑里给作者跑马。

这对于读死书的人们,确是一下当头棒,但为了与其探究,不如跳舞,或者空暴躁,瞎牢骚的天才起见,却也是一句值得绍介的金言。不过要明白:死抱住这句金言的天才,他的脑里却正被叔本华跑了一趟马,踏得一榻胡涂了。

(鲁迅《花边文学·读几本书》)

这篇文章写于1934年,是典范的现代汉语书面语言。短短的两段文章,复音词和熟语就用了三十多个,如“死书”、“书呆子”、“甚至于”、“书厨”、“反对”、“时光”、“不绝”、“进行”、“反读书”、“思潮”、“彻底”、“于是”、“任何”、“根据”、“叔本华”、“老话”、“别人”、“著作”、“不过”、“自己”、“跑马”、“当头棒”、“与其”、“探究”、“跳舞”、“暴躁”、“牢骚”、“天才”、“起见”、“绍介”、“金言”、“明白”、“抱住”、“一榻胡涂”等(“一榻胡涂”是个四字熟语,熟语也是词汇的一个组成部分)。这些复音词多数是古汉语中所没有的。

单音词很容易产生歧义，例如，单说[ʂʅ˧]这个音，同音词有石、十、什（什锦）、时、鲥、识、实、拾、食、蚀、鼫等十几个。如果改成复音词，石说成石头，时说成时候，识说成知识、认识，实说成事实、实在……就可以避免因同音词而造成的歧义。在口语中，从很早就已经有许多复音词了。例如，远在两千六百多年前的作品《诗经》，已经有很多复音词，只是从汉代以后，书面语言逐渐脱离口语，形成了文言文，文人使用的复音词较少。比较接近口语的宋元以来的白话文，复音词就比较丰富。五四时期的新文化运动，大力提倡白话文，出现了大量复音词，使现代汉语的面貌为之一新。

汉语一个音节表示一个词素这个特点，在创制新词的时候有很大的方便，可以利用两个单音词素（或三四个）的组合制造新词。例如，“汽车”这个词是汽车这种新交通工具进入中国以后才创制的，用“汽”和“车”这两个词素构成。早在甲骨文中就已经有了这两个字（写法不同）。用两千三百多年前的两个旧词素，结合起来创造新词，用以表示二十世纪才进入中国的新事物，这是个既省力又聪明的好办法。“电视机”是近三十年才产生的新词，用三个词素组成。这三个字也都是商周时已经有了的。有些外来语，原来译得非常繁难，后来改用意译，也用这个办法创制了新词。如《国际歌》中有一句是：“英特纳森纳尔就一定能实现。”international 这个词后来改译为“国际”、“国际主义”，比起音译来，既明确又简洁。还有 inspiration 这个词，梁启超曾译为“烟士披里纯”，后来改为“灵感”，也改得好。用这种办法创制新词，既经济又方便。这是汉语词汇的又一个特点。

汉语的语法规则主要有两个方面：一是词序，一是虚词的作用。这两者结合起来，可以说明汉语语法的大部分规则。

先说词序。

词序包括复音词的词素次序和句子成分的次序。

复音词的词素次序，古今多不相同。例如：现在说杨树、柳树、檀树，“树”这个词素都在后面。这是现代汉语这类复音词的构词规律。但《诗经·郑风·将仲子》“无折我树杞”、“无折我树桑”、“无折我树檀”，《秦风·晨风》“山有苞棣，隰有树檖”，《小雅·鹤鸣》“乐彼之园，爰有树檀”，“树杞”即杞树，“树桑”即桑树，“树檀”、“树檖”即檀树、檖树，词素顺序古今不同。又如，“中”字组成复合词，按现代汉语的顺序都在第二音节，如“空中一轮明月”的“空中”，“心中感到悲伤”的“心中”等。但《诗经·周南·葛覃》“葛之覃兮，施于中谷”，“中谷”即谷中。《周南·兔罝》“肃肃兔罝，施于中逵”、“肃肃兔罝，施于中林”，“中逵”即逵中，“中林”即林中，《邶风·终风》“谑浪笑敖，中心是悼”，“中心”即心中。《邶风·式微》二章“微君之躬，胡为乎泥中”，“泥中”的顺序跟现代相同，是因为“中”、“躬”押韵，所以加以颠倒，按《诗经》“中”字的顺序，属于例外。但《春秋》三传的“中”字已经同《诗经》不同。《左传·庄公八年》：“斗死于门中”，《公羊传·闵公元年》：“庄公存之时，乐（邓扈乐）曾淫于宫中，子般执而鞭之”，《左传·宣公十二年》：“中军下军争舟，舟中之指可掬也”，“门中”、“宫中”、“舟中”，顺序都已和现代汉语一致。

牲畜的雌雄《诗经》中叫牡牝，现在叫公、母。《鄘风·定之方中》“騋牝三千”，騋为马名，“騋牝”即母马。《大雅·旱麓》

“清酒既载，骍牡既备，以享以祀”，“骍”为黄牛，骍牡即为公牛。《小雅·信南山》“祭以清酒，从以骍牡”，与此相同。现代汉语说“公牛”、“公马”，不过在南方各地，称“公鸡”、“母鸡”为“鸡公”、“鸡母”，当是上古词序的遗迹。

至于联合式复音词的结构，两个词素的顺序，则全系约定俗成所决定，如“介绍”一词，五四时期多作“绍介”，就是在现在，“痛苦”和“苦痛”，“山河”（大好山河）和“河山”，“愤激”和“激愤”等词同时并存，也还没有固定下来。

句子的词序，现代汉语有比较严格的规律，例如，动词作谓语，一定在主语之后；动宾结构，宾语在动词之后，“我读书”。“我”是主语，“读书”是谓语部分，“读书”是动宾结构，这顺序不能加以改变。原始汉语的词序并不是这样。汉藏语系的好多亲属语言，词序也并不如此，如藏语“羊吃草”作 lug-gis（羊）stwa（草）bzas（吃），词序是“羊草吃”，动词在宾语的后面。“他杀羊”作 kho-s（他）lug（羊）bsad（杀），动词“杀”也在后面。纳西语“我家有三个人”作 ŋɑ˩（我）ɕi˧（人）sun˥ ku˧（三个）n̥dzy˩（有），动词“有”也在最后。苗瑶语族的词序则与汉语相近。

拿上古汉语来比较，《论语·子罕篇》有一句话：“无臣而为有臣，吾谁欺？欺天乎？”“谁欺”和“欺天”是两个动宾结构，“谁欺”即“欺骗谁”，“谁”是宾语，反居动词之前。又如《诗经·小雅·节南山》“无小人殆”，《小雅·斯干》的“无父母贻罹”也是这种句法。不过这种词序只是原始汉语的遗迹，春秋时的汉语词序已经基本上奠定了“主—谓”、“动—宾”这样的词序。

名词和修饰语的组合是“定—名”式，修饰语在前，中心词在后，如“伟大的国家”、“古老的文化”、“三个人”等。

动词（或形容词）的修饰语，词序或在前或在后。例如，“这场球打得很好。”“很”修饰“好”，也可以说“这场球打得好极了”。“好”的修饰语“极了”在后。语法学家把“很”这类修饰语叫做状语，把放在后面的“极了”这类词叫做补语。其实两者都是动词或形容词的修饰语，位置或前或后，正是现阶段汉语词序的一个特点。

以上是汉语词序方面的一些特点。

汉语的虚词，包括连词、介词、助词、语气词这四类。连词是在词与词、词组与词组、句子与句子之间起连结作用的词。多数语言都有这类词，这里略而不谈。语气词是表示惊叹、疑问等语气的词，如呀、哟、唉、吗、呢之类，确是汉语的一个特点，但比较简单，也不必多谈。在语法上起重要作用的虚词，要算介词和助词。

介词和名词组成介词结构，用以修饰动词或整个句子。如，“用毛笔写字”，“用毛笔”是个介词结构，用以修饰“写字”。“在这方面，他是个专家”，介词结构“在这方面”修饰句子。介词“把”、“将”是特殊的介词，可以同宾语组成介词结构，提到动词前面表示强调。例如，“他打了那个人”，“那个人”是“打”的宾语。“他把那个人打了”，“那个人”同“把”组成介词结构，提前成为“打”的修饰成分。

动词后面的“了”、“着”、“过”是表示时态或体(aspect)的助词。“他正写着文章”的“着”，表示进行体或持续体，相当于英语 writing 的 -ing。不过汉语的“着”是助词，英语的 -ing 则是形态变化的标志。“我写过一篇文章”，表示过去时。“写完了文章”表示完成体。这几个助词是近古以后才逐渐发展成熟的。

现代汉语词汇语法方面的特点,近四五十年来有了深入的研究,许多语言学家发表过很多有价值的论著;对一些关键问题,进行过多次大规模的讨论。这些论著和讨论,可以使我们对汉语的规律和特点看得更清楚。例如,关于汉语有没有词类和词类应该怎样划分的讨论;关于汉语主语应如何确定的问题;关于助词的微观分析和讨论等等。这里不一一加以分析。

以上概括地谈了现代汉语在语音体系、词汇结构和语法体系的一些特点。这些特点是用比较方法得来的,一是同上古汉语、中古汉语相比较,现代汉语是从原始汉语、上古汉语、中古汉语发展演变而成的,有继承,有变化;有同有异。这是一种比较。二是同汉藏语系的亲属语言作比较。因为同出一源,关系密切,加以某一方面的比较,也有助于分析汉语的某些特点。三是同其他语言作比较。有些语言同汉语并无亲属关系,但在某些方面加以比较,可看出表达方式的异同。这三方面的比较,都可以使我们对汉语的特点有更清楚的认识。不过,要从各方面进行微观的比较分析,要写几部专著才能把问题说清楚,这里只是就几个突出的方面举几个例子。

## 04

问：汉语有许多方言这些方言有何特点？方言是怎样形成的？研究方言有什么用？

答：这个问题很重要。在谈了现代汉语普通话以后，再看看汉语方言的情况，很有必要。

汉语很早就分化成许多方言。汉代扬雄写了一部书，叫做《辅轩使者绝代语释别国方言》，简称《方言》。他采集了各地方言和少数民族语言中的词汇，加以汇集解释，使我们能了解当时汉语方言的一些情况。明清以来，有好多方言类著作。本世纪二十年代以后，一些语言学家用欧洲语言学的科学方法调查汉语方言，几十年来成绩卓著。现在全国各地方言都进行过普查；并且根据多年的调查研究，划分出方言区，绘制成全国方言地图集。在词汇语法调查方面，也正在引起语言学家的重视；陆续出版了各地的方言志。

汉语方言共分七个方言区：北方方言，吴方言，湘方言，客家方言，赣方言，粤方言，闽方言（或分为闽南、闽北两个方言区）。有的方言区分布地区很广，如北方方言区（又称北方官话区）包括北方官话、西北官话、西南官话、下江官话四个官话区。划分方言区的标准，主要是语音体系的差异。

方言是怎样形成的呢？有两个原因：一是语音本身不断

的变异，这是一切语言的共性。二是汉族的历次迁徙，形成了长期隔离。这两个条件合在一起，一是变易，二是变易的不平衡；这就形成了不同的语音体系，因而形成了方言。语言这个东西也同社会礼俗一样，原来形成这种礼俗的地方，往往变易较快；人们把这种礼俗带到异国他乡，反而变得慢些，保存旧俗要多些。过去有句话，“礼失而求诸野”，就是说，一种礼俗在朝廷中失传了，在穷乡僻壤还可以找得到。语言也是这样。从全国各方言区的分布来看，中原一带本是汉族汉语的形成地，全国各地的汉族人都是从中原一带迁徙去的，但从各方言区的语音体系来看，南方的粤方言、闽方言保存的古汉语语音特点最多；其次是赣方言、吴方言。变化最快的是北方方言。例如，中古汉语的辅音韵尾共有六个：/-n/-m/-ŋ/-p/-t/-k/。北方方言只剩下 /-n/-ŋ/ 两个鼻辅音，其余的一个鼻辅音、三个塞声都在语音变易中丢掉了。吴方言除两个鼻辅音外，三个塞声变成一个喉塞声 /-ʔ/。粤方言和闽方言则六个韵尾辅音全部保存着。

词汇语法方面也存在着方言差异。古汉语中的有些词语，有的方言不用了，有的还在沿用。例如，《说文》“膳”字下说：“膳，具食也。”《礼记》、《仪礼》上都有这个词。北方话很少用这个词。北京北海公园有个餐馆叫“仿膳”，是以仿制清代宫廷的食品而命名的，机关学校专管伙食的部门，有的叫“膳食科”，除此以外，很少用。但广东话尚习用“开膳”一词，和北方话的“开伙”同义。

又，现代汉语的“晚”（天晚了），古汉语常说“晏”。《吕氏春秋·慎小篇》：“二子待君，日晏。”高诱注：“晏，暮也。”宋代陆游的诗有“废寺僧寒多晏起”一句。在北方话很少这种用法了,但四川方言至今还活在口中。“天太晚了”说“天太晏了”,“我来晚了”说“我来晏了”。《小尔雅》:“晏,晚也。”《集韵》也有这个义项。

“火车站”、“汽车站”的“站”,原是蒙古语的借词“站赤”。天津附近的“小站”,吉林省的“新站”,都是借词,南方叫“驿”,如重庆过去的飞机场就在“白市驿”。驿就是驿站,是古代的旧称。

拿现代方言来看,也有借词不平衡的情况。广东、上海地处海边,许多外来的东西先在这里出现,于是多用音译法命名,以后传入内地,大半变成义译词。如广东一带叫“的士”(taxi),变成普通话的出租车;microphone 叫“咪”(第一个音节)或麦克风,普通话叫扩音器,以及“多士”(toast)和面包片,“袂”(tie)和领带,“唛”(mug)和“罐头筒”等等,这是方言间在借词方面命名的差异。

方言词汇的差异,往往可用以当做考察人口迁移的线索。例如,西北一带称父亲为“达”、“达达”,山东、河北称“爹”,南方多称“爸”。但山东西部,有些地方称“达达”,这是山西人口向东南迁徙的原故。

方言词汇的材料异常丰富,这方面的调查研究还很不够,这里只能举几个例子。

方言语法也有不少差别。例如,普通话“好得很”,西安话说“嫽得太”,语法相同,但又说“嫽得太、太”、“嫽得太、太、太”。普通话没有这种语法,不能说“好得很、很”。普通话“你先走”,广东话说“你走先”,副词“先”在动词“走”后面。又如,普通话“门口站着一堆人”,四川话为“门口站倒起一伙人”,“倒”和“着”应是同一个词的音变,“站倒起”的“起”则是四川话语法的特点。普通话“他正在写文章”,四川成都话“他写倒在”;“他还在睡觉”,成都话“他还睡倒在”,这个“在”字的用法,唐代时已经有了。白居易《酬别微之诗》:“且喜筋骸俱健在,勿嫌须鬓各皤然。”“健在”意思是尚在健壮。《别春炉诗》:“晓风犹冷在,夜火且留看”,“犹冷在”意为还在冷。“在”字的这种用法一直保留在四川方言中。

语言在不断变化,用现代汉语同中古汉语、上古汉语相比较,有些现象似乎面目全非,若用语言史的眼光来看,常常可以找到变化的规律。但语言又是一纵即逝的东西,研究古汉语,只能靠书面语言的资料。但书面语毕竟同口语不同。方言材料非常重要,因为历代汉语的各个方面,语音、词汇、语法,常常保存在不同的方言中。罗常培先生在北京大学讲课的时候,曾打过一个生动的比喻,说明利用方言拟测中古音、上古音的方法。北京有一种给人画祖先遗像的艺人,祖父早已死了,没有留下照片,画像艺人就把这一家人叫在一起,根据年老儿孙的叙述,依照老大的脸型,老二的鼻子,老三的眼睛,长孙的嘴形……构拟出祖父的画像。

近几十年来的汉语史研究,音韵史的成就最大,高本汉、赵元任、罗常培、李方桂几位音韵学大师研究汉语音韵史的方法,其特点就是从方言调查入手,利用清代人从书面材料得来的成果,与方言材料对比,因而使音韵史的研究跨入一个新阶段。将来在词汇史、语法史方面,也要走这一条路。各地方言中蕴藏着极为丰富的宝藏。

在当前和今后，我们要继续大力推广普通话，这要坚定不移。中国是一个大国，十一亿多人使用汉语，把汉语当做不可须臾脱离的交际工具，如果不早日实现汉语规范化，将会在各个领域产生阻碍，不利于国家的建设。普通话是在北方话的基础上，经过几百年的发展形成的。规范化的汉语只能是普通话。至于各地的方言，并不是人为的加以消灭，但是也不宜加以提倡。至于调查研究方言，那是另外一回事。研究方言有两个目的：一是用以同普通话作比较，以便方言区的人掌握规律，更快更好地学习普通话。二是当做研究汉语发展史的资料，用以说明古今汉语的规律，其中包括普通话的语音、词汇、语法规律。

以上是关于方言的大致看法。

# 05

问：中古汉语、上古汉语同古文和文言文是不是同义词？白话文同古汉语是不是完全对立？

答：这些词语产生的时代不同，最好先弄清楚这几个词的时代背景，然后比较其异同。

"古文"这个词是因为唐代韩愈、柳宗元等人发动的古文运动而产生的。他们把先秦到汉代的散文叫"古文"，以与当时风靡全国的骈体文相对立，这是一次重大的文学运动，也是一次语言规范化运动。

从先秦到汉代的书面语言来看，《诗经》、《尚书》、《论语》、《仪礼》、《礼记》、《孟子》、《庄子》、《荀子》和司马迁的《史记》等书，语言基础是当时的"雅言"。"雅言"是东周以来以齐鲁方言为基础的"普通话"。这些书面语言当然不可能像现代白话文一样的言文一致，但距离不会太远。从当时的作者来说，也是在尽力做到忠实于口语，而不是故意脱离口语。

例如，《诗经》是可以歌唱的，有些是从民间采集的民歌，现在读起来还感到亲切。下面是《郑风·将仲子》的原文：

> 将仲子兮，无逾我里！无折我树杞！
> 岂敢爱之？畏我父母。
> 仲可怀也，

父母之言,亦可畏也!

将仲子兮,无逾我墙!无折我树桑!

岂敢爱之?畏我诸兄。

仲可怀也,

诸兄之言,亦可畏也!

将仲子兮,无逾我园!无折我树檀!

岂敢爱之?畏人之多言。

仲可怀也,

人之多言,亦可畏也!

作者是个正在恋爱的女孩子,嘱咐他的恋人——仲子,不要跳墙到“我”家来,不要折断当做墙篱的桑树、杞树。不是爱惜这些树木,是怕父母、兄弟知道,怕别人说闲话。全诗除个别字词外,几乎用不着翻译,便可了解诗意。全诗描绘出一个沉溺于初恋、又急切、又害旧的小女子的形象。诗句中的语言,忠实地记录了当时的口语。

再看《论语·学而篇》的一段话:

子禽问於子贡曰:“夫子至於是邦也,必闻其政,求之与?抑与之与?”子贡曰:“夫子温良恭俭让以得之。夫子之求之也,其诸异乎人之求之与?”

子禽问子贡,孔子每到一个国家,一定要参与讨论这个国家的政治。这个权利,是孔子请求得来的呢?还是那些国家给他的呢?子贡说,夫子因为有温、良、恭、俭、让这些高尚品德的修养而得到这种权利;夫子求得这个权利,是同一般人求得它大不相同的吧?

这段话的特点是虚词特别多,於、是、也、其、之、与、以、其诸、乎，共用了 20 个虚词，末句“夫子之求之也，其诸异乎人之求之与”，共 15 个字，虚词竟有 8 个。前面我们已经说过，虚词是汉语语法的一个特点。这句话不但表达出基本意——夫子求之与人求之异——，而且连子贡委婉曲折的语气都表达出来了。这正是书面语言同口语基本一致的证明。

司马迁的《史记》，是汉代书面语言的典范，韩愈及历代古文学家都非常推崇。这类文章同汉代的口语也很接近。

另有一类文章，以扬雄、司马相如、张衡等人的赋体为代表，是一种脱离口语的文章。这类文章讲究辞藻华丽和句子的排比对偶。到东汉以后，发展成骈体文。句子结构用四字，或用六字，或上六下四，成为一种专门讲求文章技巧的文体。下面选录孔融《荐祢衡表》一文的一段：

> 如得龙跃天衢，振翼云汉，扬声紫微，垂光虹蜺，足以昭近署之多士，增四门之穆穆。钧天广乐，必有奇丽之观；帝室皇居，必畜非常之宝……

这段话是说，朝廷如果录用祢衡，对朝廷如何有利。文章中用了许多比喻；句子力求整齐；四字句和六字句交互使用。这类文体在西汉原来只用于赋这种文体，到了建安时期，逐渐扩大到几乎所有的文章。到了唐代，这种四六骈文更是风靡整个文坛，古代散文那种言文大体一致的优良传统全不要了。韩愈等人提倡的“古文”，就是先秦、西汉的散文，他们主张学习这些古文的写法。因此他们写出的文章也叫做古文。唐宋八大家，以至明清时的古文家方苞、姚鼐、曾国藩等人的文章，也都叫古文。所以，这种“古文”并不是上古汉语的书面语言。韩愈等人写出的古文，是模仿古代文章的一种特殊书面语言。

这种“古文”同唐代的口语没有什么联系。唐代也有一种能反映当时口语的文章，这就是从佛经故事演变而成的“变文”。这种变文就是当时的白话文，后来这类文章，发展成唐宋、明清的白话小说。

从唐代以后，骈体文、古文、白话小说及戏曲，这三种文体一直保存到新中国成立以前。三种文体使用的范围很不相同，多数情况，如教科书、政府公文、私人书信，清代末年兴起的报纸杂志等，都用夹杂了骈文的古文，通常称做文言文。纯粹的骈体文，只在一些特殊的场合或因某些人的个人爱好才使用。白话文则不能登大雅之堂。

“五·四”运动时的先进人物，因为要唤醒民众，提倡教育，以达到救国图存的目的，于是大力提倡白话文，反对文言文。当时的教育部改学校的“国文”科为“国语”科，才正式承认了白话文的合法地位。但文言文并没有因此而取消，一直到四十年代末，文言文还占领着大部分书面交际的领域。当时的报纸，从通讯到社论，除《新华日报》等少数报纸外，都用文言文。一直到新中国成立，文言文才基本废止，白话文才完全取得合法地位。当然“白话文”也应加以区分，唐代的白话文同明清小说的白话不同，现在的白话文，则应是现代汉语普通话，普通话是当代规范化的白话。

从上面的一些分析，可以看出古汉语、古文、白话文这几个词的产生背景和彼此的异同。弄清楚这些术语，对于研究汉语的人来说很有必要。

# 06

问：汉语的特点在文体上有什么特色？例如，用中国诗文同外国诗文比较，有什么特色？*

答：从文学作品的角度研究汉语所表现出来的文体特色，是个很有趣的问题。

文学是用语言写出来的艺术品，每一种语言都有它的特点，文学家必须掌握这些特点，才能创立起独特的文体、文风，从而创造出好的文学作品。从另一方面看，一种语言的特点，在文学形式和表现方法方面，常常有很大的影响。因此，从语言的角度研究中国文学（应该说是汉民族文学）的某些文体，研究这些文体的特点，是很有意义的。

先谈谈诗这种文体。

诗是任何民族都有的一种文体，许多没有文字的落后民族，也都有诗歌。原始人的诗、歌、舞常常是合而为一的，把歌词单独写下来就是诗。

中国诗是全世界闻名的，其特点是历史悠久，数量大，形式多，音调美。这四点都很突出，可以说举世无双。

---

* 参看《六十年来现代汉语书面语言的发展》一文。收入拙著《文字训诂论集》（中华书局 1993 年出版）。

《诗经》是最早的一部诗集。其中《商颂》、《大雅》中的一部分，是商代和周代的史诗，是 3500 年前的作品。最晚的诗也在春秋以前，是 2700 年前的作品。三千多年来，作诗的传统一直在发展，从未间断。这在全世界是独一无二的。当然，单就历史悠久来说，希腊诗人荷马的史诗《伊里亚特》、《奥德赛》，是公元前 700 年写定的，同《诗经》的年代相当，但希腊文早已成为死文字，这种史诗的传统也中断了。

中国诗歌数量大，作家多，形式多样，这在世界文学史上也很突出。上古的无名诗人且不必说，战国以后，历代有名的诗人，可以列出几百个，屈原，陶渊明，李白，杜甫，李煜，辛弃疾，苏东坡……这些名字，已为全世界所尽知。拿诗的数量来说，从汉代到晚清，每一个时期都有数量惊人的诗歌集。清康熙皇帝主编的《御定全唐诗》共九百卷，收诗 48900 首，作者共 2200 余人。《御定四朝诗》312 卷，包括宋、金、元、明四朝的诗（词、曲、杂剧不在内），作者宋 882 人，金 321 人，元 1197 人，明 3400 人。清代诗这种文体已经不是主要的文学形式，有名的诗人和作品也不太多，但诗的数量却超过过去。当时的读书人几乎人人会写诗，康熙、乾隆两个皇帝都喜欢写诗，常常写诗。这还仅仅就旧体诗（五言诗、七言诗等）而言，若再加上宋词、元曲和明清杂剧传奇中的唱辞，数量更大得多。

为什么中国的诗人这么多，诗的作品这样丰富？这就不能不从汉语的语言特点上找原因。前面我们已经说过，汉语是以单音节词或词素为基础的语言；音节结构很整齐；音节又有声调。这三个因素加在一起，就成为富于音乐美的语言。音乐有三个要素：一是节拍；二是音的高低升降；三是音色。

从语言来看,汉语最适合这三个要素。以单音节为基础,容易调节乐章的节拍;声调的高低升降容易同乐曲的高低相适应。音色则任何语言都一样,但汉语对于诗歌的押韵却独具优势。所以汉语是一种最适合写诗的语言。下面我们就举几个例子,谈谈诗的节拍和押韵的问题。

节拍即"音步"(foot)。所有的诗,每一句都可以划分出几个音步。音步的重复或间隔,可以形成一种节奏美。例如:

关关|雎鸠,　　在河|之洲。
窈窕|淑女,　　君子|好逑。

(《诗经·关雎》)

这是四言诗,每句四个音节,两个音步。两个音节一个音步。又如:

涉江|采芙|蓉,　　兰泽|多芳|草。
采之|欲遗|谁?　　所思|在远|道。
还顾|望旧|乡,　　长路|漫浩|浩!
同心|而离|居,　　忧伤|以终|老!

(古诗十九首之一)

这是一首五言诗,每句五个音节,也是两个音节一音步,最后一个音节为一音步,共为三音步。再看七言诗:

小奴|缚鸡|向市|卖,　　鸡被|缚急|相喧|争。
家中|厌鸡|食虫|蚁,　　不知|鸡卖|还遭|烹。
虫鸡|於人|何厚|薄,　　吾叱|奴人|解其|缚。
鸡虫|得失|无了|时,　　注目|寒江|倚山|阁。

(杜甫《缚鸡行》)

也是两个音节一音步，最后一个音节为一音步，每句四音步。

词和诗不同处，是每句的字数多不相等，但每两个音节一音步的规律相同；字数如果是单数，也是最后以一个音节为一音步。只有在特殊情况下稍有变通。如：

念　奴　娇

大江|东去|，浪淘|尽、千古|风流|人物|。故垒|西边|，人道|是、|三国|周郎|赤壁|。乱石|穿空|，惊涛|拍岸|，卷起|千堆|雪|。江山|如画|，一时|多少|豪杰|。遥想|公瑾|当年|，小乔|初嫁|了，雄姿|英发|。羽扇|纶巾|，谈笑|间|，樯橹|灰飞|烟灭|。故国|神游|，多情|应笑|我，早生|华发|。人生|如梦|，一尊|还酹|江月|。

（苏东坡《赤壁怀古》）

每句字数，从三个字到九个字，也都和诗的音步规律相同。

这种音节与音步高度协调的情况，是汉语的音节特点造成的。读起来给人一种节奏分明的美感。

外国格律诗也讲究音步。但是多音节的语言很难做到音节和音步的协调。下面试看英国诗人拜伦 (Byron 1788—1824) 的 She walks in Beauty 一诗中的一节：

She walks in beau ty, like the night
of cloudlees clim ce and st arry skies,
and all that's beat of dark and bright
meet in her aspect and her eyes;
thus mellou'd to that tender light

which heaven to gandy day de nies.

这六行诗,每一行四音步。按词的数目说,第一第四行用了七个词,第三行八个词,第二、五、六行各六个词。按音节计算,每个词的音节数也不相同。有些音节又有辅音群这样的音节结构,如 -lks、cl-、spect 等。尽管如此,但每行诗必须读成四音步。这就形成了语言结构同音乐节奏的不协调。在朗读时,只能使语言将就节奏,因而打乱了语言的结构和逻辑重点。例如,音步的重点本应是语句中的重点词;但为了将就音步,句子中的虚词也可读成音步的重音。第六行的 to 是个轻音,但第五行的 to 都必须读成音步重音。第二第三行的 and 都读轻音,但第四行的 and 又必须读成音步重音。一个多音节词因为将就音步,常常要一个音节读重音,另一个音节读轻音,两个音节分属两个音步。如 starry 的 sta- 读重音,属前一音步;-rry 读轻音,属下一音步……。这些现象都是因语言特点同音乐节奏不协调而造成的,用以同汉语写出的诗作比较,可以明显地看出汉语在这一方面的特点。

诗的另一个特点是押韵。

韵是指汉字语音结构的后半部分而言。前面我们说过,汉字的语音结构分成声、韵两部分。语音声韵都是音色(timbre)方面的问题。一首歌词在句尾用音色相同的字,在音乐上有一种不断重复同一音色的和谐美,这就是诗歌押韵的美学原则。汉语的韵母数目不多,上古汉语只有三十个左右的韵部,现代汉语普通话 35 个韵母,一切词语的语音都在这三十几个韵的范围内。熟习汉语的人,都能分辨这些韵的异同。魏代(公元 250 年左右)李登作《声类》一书,是我国最早的韵书,魏晋以后的韵书非常多。现存流行最广的韵书是宋代的《广韵》。《广韵》是由隋代陆法言的《切韵》和唐代的《唐韵》增订而成,是专供诗人使用的韵书。至今作旧体诗的人,还要翻检韵书。《诗经》时代还没有韵书,但所收的诗几乎都押韵,那是因为诗歌必须使句末音色和谐,才能动听的原故。前面列举的诗词,都按规律押韵。例如,《诗经·周南·关雎》一章的"鸠"、"洲"、"逑"三个字押韵,这三个字同属上古音幽部,韵母拟音为[iu]。古诗《涉江采芙蓉》的韵脚"草"、"道"、"浩"、"老",属汉魏音的宵部[o],杜诗《缚鸡行》的"争"、"烹",属庚韵[ɐŋ],"缚"、"阁"属药韵[iuɑk]。词曲的押韵,原则也与此相同。

在我们使用汉语的人看来,押韵并不是难事,许多并不识字的人说起顺口溜,无不合辙押韵,这是汉语的音韵结构特点造成的。

印欧语系词语的音节结构比较复杂,押韵就不像汉语这样方便、自然。拿上面拜伦的那六行诗来看,第一、三、五行的night, bright, light三个词押韵,第二、四、六行的skies, eyes, denies三个词押韵。在常用词中找出这样几个韵脚相同而词义相当的词,很不容易。而且,根本没有像中国的《广韵》、《诗韵》、《佩文韵府》这类专供诗人使用的韵书。

除字数整齐和押韵这两点以外,汉语诗还有调平仄和讲对仗这两个特点。这两点是许多外国诗所没有的。试看李白的一首七律《登金陵凤凰台》:

凤凰台上凤凰游,仄平平仄仄平平
凤去台空江自流。仄仄平平平仄平

吴宫花草埋幽径，平平平仄平平仄
晋代衣冠成古丘，仄仄平平平仄平
三山半落青山外，平平仄仄平平仄
二水中分白鹭洲。仄仄平平仄仄平
总为浮云能蔽日，仄仄平平平仄仄
长安不见使人愁。平平仄仄仄平平

律诗是唐代盛行的一种诗体。七律每句七个字,共八句。第一、二、四、六、八句押韵。第三句和第四句,第五句和第六句,称对句,要讲究对仗和调平仄。“吴宫花草埋幽径”和“晋代衣冠成古丘”为对句。“吴”和“晋”都是朝代名,“吴”属平声,“晋”属仄声,词类、声调恰可相对,这就叫对仗和调平仄。“花草”与“衣冠”,“埋”和“成”,“幽径”和“古丘”,都是如此。“三山半落青山外”同“二水中分白鹭洲”也是对句,上下联的词,同样讲对仗,调平仄。不属对仗的第七、第八两句不用对仗,但平仄相对应仍很严格。

古代教儿童做诗,首先学对仗。《声律启蒙》一类的读物,就是为此而编纂的。“云对雨,雪对风,晚照对晴空,来鸿对去燕,宿鸟对鸣虫,三尺剑,六钧弓,岭北对江东,人间清暑殿,天上广寒宫,两岸晓烟杨柳绿,一园春雨杏花红……”。这样的对仗,念熟记熟了,写诗做对联都容易做到对仗工稳、平仄协调、合辙押韵。

平仄就是声调的再分类。中古音有平、上、去、入四个声调。调值的不同主要是字调高低升降的不同(入声字除声调短促这一特点外,还有塞声韵尾这个因素)。“平”是平声,“仄”包括上、去、入三声。这两类字在声调上有高低的差异。

在诗句中平、仄相对，可以形成声调高低互相映衬的音乐美。这是中国诗特有的音乐美。

律诗只是旧体诗的形式之一。唐代诗人用这种诗体写出了很多有名的诗篇。这些诗今天读起来仍然声调铿锵，令人击节称赏。但是这种诗体后来逐渐僵化，变成了只重形式难出新意的诗体。到五代以后，又从民间接受了“词”这种形式。到了宋元以后，又出现了“曲”。词曲都是当时可以歌唱的歌词，句子长短有别，有许多词牌和曲牌。这些新体诗也同旧体诗一样，也讲究押韵、调平仄，有时也要求对仗。下面试看王实甫《西厢记·哭宴》中的唱词《正宫·端正好》：

碧云天，<br>
黄花地。<br>
西风紧，<br>
北雁南飞。<br>
晓来谁染霜林醉？<br>
总是离人泪。

这是崔莺莺在送别张君瑞时的一段唱词。按照《端正好》这个曲牌，共六句，字数为三、三、三、四、七、五。曲中“地”、“飞”、“醉”、“泪”四字押韵。“碧云天”、“黄花地”为对偶句，六个字两两相对。上句为仄平平，下句为平平仄。下面只“西风”与“北雁”相对。因为字数不同，再加上调平仄、对仗、押韵这些因素，读起来有一种节奏跌宕的美，同曲中所表达的莺莺送别恋人时的悲伤心情恰相契合，形成内容与形式的统一。可以看出，作者真不愧为善于运用汉语特点的语言大师。

以上谈的是诗。从文章看，汉语的特点也有所表现。最显著的是魏晋以后逐渐流行的骈文。

骈文这种文体是从楚辞变化而来的。楚辞是战国期间盛行于楚国的民间诗歌。楚国大诗人屈原用这种诗歌形式写出了著名的《离骚》、《天问》等诗,成为与《诗经》并称的名作。汉代的文人在楚辞的影响下创造了“赋”这种文体。赋的特点之一是多用对偶句;是一种把诗歌中的语言特点应用到散文中的韵文。下面试看晋代郭璞《江赋》中的一个片断:

咨五才之并用,实水德之灵长。

惟岷山之导江,初发源乎滥觞。

聿经始于洛沫,拢万川乎巴梁。

冲巫峡以迅激,跻江津而起涨。

极泓量而海运,状滔天以淼茫。

总括汉泗,兼包淮湘,

并吞沅澧,汲引沮漳。

源二分於崌崃,流九派乎浔阳。

鼓洪涛於赤岸,沦馀波乎柴桑。

整篇文章充满了四字和六字对仗,而且押韵。实际是一种介乎诗与散文之间的文体。后来发展成骈文,仍然保留着四六对偶的特点,却不再押韵了。下面看唐代王勃《滕王阁序》中的部分名句:

襟三江而带五湖,

控蛮荆而引瓯越。

物华天宝,龙光射斗牛之墟;

人杰地灵,徐孺下陈蕃之榻。

十旬休假,胜友如云;

千里逢迎，高朋满座。
层峦耸翠，上出重霄，
飞阁流丹，下临无地。
落霞与孤鹜齐飞，
秋水共长天一色，
老当益壮，宁知白首之心；
穷且益坚，不坠青云之志。

王勃（公元 648—675）是唐初四杰之一，他在 25 岁时即席做成的《滕王阁序》是文学史上的名篇，也是骈体文中极少见的传世之作，文章几乎全用四六对偶句，对仗工稳，读出来声调铿锵，兼以气势磅礴，抒发了作者怀才不遇的无限感慨。

但是这种文体几乎完全脱离了口语，只抓住汉语易于对偶和节奏明快的特点，是文人创制的一种特殊文体，并且一直只在士大夫和统治者的圈子里通行，在民间生不了根。真正有文学价值的作品更少。这种文体一直和正统的古文并存，直到新中国成立以后，才同文言文一道退出了文坛。不过对偶这种形式还一直保存在中国文化中。对联加上书法，早已成为中国建筑艺术的一个组成部分。名胜古迹、寺庙园亭，几乎都不能没有对联。有许多脍炙人口的对联常被人津津乐道。这种语体和造型，可以说是举世无双。至于现代书面语言，也还有对偶句、排句等修辞手段，用得得当，可以增加文章的整齐美，就不再举例了。

## 07

问：您在前面谈汉语的特点时曾谈到商代的甲骨卜辞，请您谈谈，甲骨卜辞在语法方面有什么特点？

答：商代的甲骨卜辞是我们研究商代语言的最可靠的资料。语言是一种一发即逝的东西，我们不可能找到商代口语的直接材料，卜辞（以及金器铭文）是当时语言的记录。尽管这些书面记录同当时的口语并不完全一致，但是从词汇和语法结构方面，大致可看出它的面貌。

商代的语言是什么样子呢？下面试看两条甲骨卜辞：

> 小臣墙从伐，禽（擒）甘（𤞤）美……廿（二十）人四，首（馘）一千五百七十，𤕩（讯）一百……两（辆）车二两（辆），弩一百八十三，函五十，矢……又（佑）白（伯）𩁹（麟）于大乙，用𩁹白（伯）印……𤕩（讯）于且（祖）乙，用美于且（祖）丁。
>
> （《甲骨文合集》三六四八一版）

这是商代后期的卜辞，记录了商王同𤞤狁的一次战争情况。一个名叫墙的小臣，跟随商王出征，擒获𤞤狁叫美的首领，俘虏了二十四人，割回一千五百七十个人头，俘获非战斗人员一百人，战车二辆，弓弩一百八十三具，箭袋五十个……方伯𤠯祭祀先王大乙……用俘虏祭祖乙，用美祭祀祖丁。

从这段记录看，（字形同后世的小篆、隶书大不相同）大部分都可与后来的汉语汉字相对应，如“禽”就是“擒”字的初文；“首”字后作“馘”；“噝”字后作“讯”，“两”字后作“辆”；“又”当读作“祐”；“白”当读为“伯”；“且”当读为“祖”，都是古今字的差异。

从词汇的角度看，如“首”（馘）指在战争时割下的敌军头颅；“讯”指俘虏；“弩”是一种弓名；“函”是箭袋名；“用”是商代杀人祭祀的专用语。这些词语有的后来不用了，有的词义有变化，但多数可用古籍中的材料加以考释；有些词语一直沿用到今天。

从语法结构的角度看，多数与中古汉语相同。如“小臣墙从伐”为主谓结构，“禽犭严美”为动宾结构，主—谓，动—宾的语序已同现代汉语无别。“首一千五百七十”，“弩一百八十三”，“函五十”，十进位的计数法已经成熟。

但是也有许多词序并不固定的例子。如：

①辛酉㱿贞：王叀（唯）沚戠从？（乙 2099）

又：辛酉卜㱿贞：王从戠？（同上）

②辛□□㱿贞：王勿叀戠从？（乙 2709）

又：贞：王勿从沚戠？（同上）

③贞：勿隹土方正（征）。（粹 1106）

贞：勿正土方。（粹 1102）

这三组句子都包含一个动宾结构。宾语或在动词前，或在动词后。但宾语在前时要加虚词“隹”“叀”。这种句法，在《诗经》中还有很多，古汉语也有这种句法的变体。又如：

④庚申贞：王于父丁告。（粹 367）

又：王其告于大示。（同上）

⑤于下乙㞢(有)伐？(乙 4524)

⑥㞢(有)伐于王亥。(粹 76)

“于父丁告”和“告于大示”,“于下乙有伐”和“有伐于王亥”,动词和介词结构的词序也相反。这说明上古汉语的词序还没有完全稳定。

到了春秋时期,动宾结构的词序才逐渐稳定。一般的句子,不再出现宾语在前的宾动结构。但在否定疑问句中还保留着这种词序。例如前面举过的《论语》“吾谁欺,欺天乎”,“谁欺”是宾动结构,同卜辞的“土方征”属于同一结构。不过到了春秋时期,动宾结构的词序已经固定,“吾谁欺”只是这类词序尚未完全固定的残余现象。

其实早在《尚书》中已有了动宾词序的用法。《金縢》篇说:“尔不许我,我乃屏璧与珪。”“不许我”按照上述规律应该作“不我许”。可见“吾谁欺”这类句法只是上古汉语这类结构尚未完全固定的残余现象。

用卜辞同先秦典籍的材料对比,可以看出商代动宾结构的词序已有趋向固定的倾向;但宾语或在动前或在动后,尚未完全固定。西周以后,动宾词序已趋稳定,只是在以代词作宾语的否定句和疑问句中,直到春秋时期还普遍保持宾动词序。可见商代语言在某些词序方面正在从不固定趋于逐渐固定。商代以前的原始汉语,连文字资料也没有,我们只能凭借商代语言的一些现象加以拟测。根据上面的分析,可以拟测,原始汉语的词序可能很不固定。词序当做汉语的一个主要特点,大概是在商代逐渐形成的。

下面再看一条卜辞:

⑦八日庚戌㞢(有)各(佫)云自东,宦(贯)母(晦),昃,亦㞢(有)出虹自北,㱃(饮)于河。

(《甲骨文合集》一〇四〇五版)

这是关于天象的一段记录,第八日庚戌那天,从东方来了云,天气转阴暗。下午,虹在北方出现,(虹)在河里饮水。“佫云”、“出虹”即“云佫(来)”、“虹出”,词序同古汉语、现代汉语相反。“自东”、“自北”、“于河”三个介词结构,词序都是介词在前、宾语在后,同汉语一般词序同。

⑧贞:王正(征)𢀛(邛)方,下上若,受我又(祐)?二月。

贞:勿正(征)𢀛方,下上弗若,不我其受又(祐)?

(《合集》六三二二版)

“受我祐”,“不我其受祐”是同一贞文中的两个问句:“我会受到保祐吗”、“我不会受到保祐吗”词序应相同,但“受我祜”的动词“受”在“我”前,“不我其受祐”的“受”在“我”后。这也是主谓词序尚未固定的例子。

# 08

问：词序不固定，似乎是屈折语 (inflected language) 的一种特点；那么，原始汉语是不是也有屈折语的某些特点？

答：屈折语的最大特点是词缀 (Affix) 丰富。屈折语言利用屈折变化 (inflexian) 表示语法关系，而不是用词序。所谓屈折变化，就是把词缀加到词根上以确定词的语法意义。我们很难断定原始汉语是不是屈折语，但是从先秦典籍和某些方言材料中可以看出，原始汉语的词缀可能比较丰富。现在先从《诗经》中的词缀谈起。

《诗经》中有不少词缀，过去的注疏家往往解释为虚词或代词。例如：

《周南·葛覃》："薄污我私，薄澣我衣。"

毛氏、郑玄都没有解释"薄"字。朱熹《诗集传》说："薄犹少也。"把"薄"解为形容词。《诗经》中的"薄"字只有《小雅·小旻》"如履薄冰"一句当为形容词，其余"薄"字共用 23 例，都是动词前缀。"薄"字放在动词前面，只是确定其为动词而已，并没有其他词义。"薄污我私，薄澣我衣"的"污"和"澣"都是洗濯的意思，"私"是内衣，"衣"是衣服。"薄"如果解为"少"，那就变成稍微洗洗或马马虎虎洗洗了，同诗意全不相合。而且《小雅·六月》的"薄伐玁狁"，决不能解为"少伐"，《鲁颂·泮水》

的“薄采其芹”，更不能解为“少采”。

“言”也是个动词词缀，《周南·葛覃》“言告师氏，言告言归”，毛传说：“言，我也。”朱熹说：“言，辞也。”按照毛亨说，“我”当是人称代词，按照朱熹说，则是发语词。这两种说法至今仍有人相信。《诗经》“言”字共170余次，共有三种用法：一种用为言语义；一种用为虚词；多数用为动词词缀。在用为词缀时，有时还和“薄”合成“薄言”。例如：

《周南·葛覃》：“言告师氏，言告言归。”

《周南·采苢》：“采采芣苢，薄言采之。”“采采芣苢，薄言有之。”

如果把“言告师氏”解为“我告师氏”，从意义上说可以讲得通，但如把“薄言采之”解为“薄我采之”就说不通，古今汉语语法都没有这种结构。“薄言”只能是一种复音词缀。上古汉语的复音词缀不多，原始汉语可能要多一些。汉藏语系诸亲属语言中，嘉戎语的词缀最丰富，有单音的，也有复音的。嘉戎语是藏语的一个分支，保存了古藏语的许多特点，用以作为拟测原始汉语的佐证，对于《诗经》中的这类动词词缀，可以作出这样的判断。

在先秦古籍中，还可以讨论一下“克”这个动词前缀。

《尚书·尧典》：“克明俊德，以亲九族。”《大禹谟》：“克勤于邦，克俭于家。”古注都把“克”解为能，“克明俊德”即能明俊德，克勤、克俭即能勤能俭。其实这个“克”是可以加在很多动词前面的词缀，不能解为实词。例如，《尚书·武成》：“我文考文王，克成厥勳。”“克成”即成就、完成。以后“大功克成”成为一个成语。《诗经·周颂·雍》：“燕及皇天，克昌厥后。”“克昌”

即昌盛。又《周颂·桓》:“桓桓武王,保有厥土,于以四方,克定厥家。”“克定”即安定。《小雅·甫田》:“曾孙不怒,农夫克敏。”“克敏”即敏疾。《尚书·舜典》:“八音克谐,无相夺伦,神人以和。”“克谐”即谐和、协调。此外,在《汉书》、《后汉书》、《三国志》等书中还有“克平”、“克伐”、“克责”、“克崇”、“克复”、“克胜”、“克暴”、“克济”等词语,这些“克”都是词缀的残留。

还有个“格”字,用法同“克”。《史记·荆燕世家》说:“郢人等告定国,定国使谒者以他法劾捕格杀郢人以灭口。”“格杀”即杀掉。《后汉书·董宣传》也有一段记载:“湖阳公主苍头白日杀人,因匿主家,吏不能得。及主出行,而以奴骖乘,宣于夏门亭候之,乃驻车叩马,以刀画地,大言数主之失,叱奴下车,因格杀之。”这个“格杀之”同“杀之”的语意全同。“格杀”的“格”,注释者多解为杀、斗义,实属误会。

现在四川方言仍保留这一词缀,读为 guo,写作“过”。如“煮”为“过煮”,“炒”为“过炒”,“走”说“过走”,“打”说“过打”,“骂”说“过骂”等等。这个“过”一般解释为通过、经过,实际上是个动词词缀,是上古汉语在方言中的残余。

名词也有词缀的残余,这里不说了。

从这些残余现象推测,原始汉语很可能有很丰富的词缀,很可能也是一种屈折语;当时语序不是重要语法手段。后来词缀消失了,语序逐渐成为汉语的主要语法手段,从语序的不固定变为逐渐稳定;但还保留着一些不稳定的残余。于是汉语逐渐变成一种缺乏形态变化而以语序为主要手段的孤立语(isolating language)。

# 09

问：请您谈谈现代汉语的规范问题。

答：前面从横的方面谈到汉语方言的差异，从纵的方面谈到古今汉语的演变。这些知识对于认识现代汉语都很有用。现在咱们就谈谈现代汉语的规范问题。

现代汉语的规范包括语音、词汇、语法几个方面，书面语言还应包括文字规范。

语音规范就是大力推广以北京音为标准音的普通话，一九五五年在北京召开的全国文字改革会议做出了这个决议。随后，中国科学院又召开了现代汉语规范问题学术会议，讨论了贯彻这一决议的学术问题和具体措施，近四十年来，全国在这方面已经做出很大成绩。

从汉语史的角度看，大约从元代开始，北京逐渐成为全国的政治文化中心，明清的“官话”，逐渐倾向于以北京音为标准，民国以后的“国语”，已经确定以北京音为标准音。所以，这个标准不是哪一个人凭空定出来的，是历史发展而成的。

从当代的国家大势和国际大势来看，国内外使用汉语的人数之多，同英语不相上下，随着中国的日益强大和国际地位提高，汉语的影响和作用也越来越大。在这种形势下，汉语语音的规范是非常重要的，如果不加规范，上海人只会说上海话，广东人只会说广东话……地区不同的人互相交际，彼此听不懂对方的话，怎么能共同搞建设？外国人学汉语，如果没有个标准，学了用处也不大。汉语方言间最大的差异是语音差异。所以语音规范是最重要的。

方言间的词汇、语法也有差异，前面我们举过一些例子。这方面也需要规范。不过这方面的规范同语音规范不同，很难拿出一个标准。词汇和语法在方言中的明显差别，是容易规定的。例如，广东话管煮不烂的绿豆叫“绿豆公”；酱油叫“朱油”；驼背叫“寒背”。四川话管豆腐乳叫“灰墨儿”；“开始”为“驾麦”(或说是“加墨”)；“结束”为“煞格”。都是地道的方言词。北京的“笔儿棒”、“盖帽儿”，也应该在普通话词汇中加以剔除。山东的“夜儿里”指的是昨天，“公猫”徐州人叫男猫，山东叫儿猫。“公鸡、母鸡”四川人叫鸡公、鸡母，广东叫鸡公、鸡 nɑ。这类方言词可以编出好多本方言词典。但是另一方面，许多方言词汇也在不断地为群众所接受，因而取得普通话词语的资格。例如，搞工作的“搞”原来只是四川话的常用词，近几十年来成为全国通用的常用词，而且使用范围很宽。过去用“做”、“弄”的句子几乎都可以用“搞”，“做工作”和“搞工作”，“弄得不好”和“搞得不好”，不但可以通用，而且有后来居上的趋势。

从词汇史的角度看，古代文献中所见到的词语，以及方言中保存的词语，都是汉语词汇中的成分。在汉语发展的漫长历史中，新的词语不断产生；旧的词汇有的消失了；有的一直活在历代人们的口语中；有的保留在不同的方言中。现代汉语的词汇，主要包括两大类：一类是从古汉语、近代汉语继承下来的基本词汇；一类是近代、现代不断创造的新词语。至于古汉语中曾经使用过而在现代汉语中已不再使用的词语，有的只有文献的作用；有的还活在某些方言中。方言中的词语，大部分同民族共同语相同，只有一小部分可以叫做方言词。方言词对于研究词汇史是一项极有价值的材料；但是不能当做普通话的规范词汇。

关于语法规范的问题，我不想谈，我想谈谈现代汉语的语言规范问题。“语言规范”指的是现代汉语文学语言，主要形式是用文字写出来的书面语言。文学语言包括语法、词汇。但不仅仅是语法和词汇，还包括修辞和文风。从这方面看现代汉语规范，更全面，更具体，更切实用。

罗常培、吕叔湘两位先生在《现代汉语规范问题》一文中对现代汉语的规范作过一些扼要的说明，现在抄录如下：

> 语言的规范是随着文学语言的发展而逐渐形成的，因此，应该从现代文学语言的作品里找我们的规范。更明确一点可以这样说：现代汉语的规范就是有代表性的作品里的一般用例。为什么不说是一般用例，而说是有代表性的作品里的一般用例？这是因为有各种各样的作品，有看过就丢开的作品，有长久传诵的作品；在规范的巩固和发展上无疑问地是后者起着决定性的作用。为什么不只说是有代表性的作品的用例，而又加上“一般”二字？这是因为即使都是有代表性的作品，不同作者甚至同一作者的用例也不是处处一致，因此不得不舍弃其中的比较特殊的而接受其中的比较一般的。至于这些用例必须是现代的，原因也很明显，因为语言是发展的，早一时期的作品，比如《水浒传》

和《红楼梦》，无论它的语言多么美好，总是有些地方是不符合现代用例的。

这一段话对现代汉语文学语言的规范做了精确的分析。

我这里打算谈谈汉语文学语言的发展问题。现代汉语文学语言是多少年来逐渐发展而成的。前面我们曾谈到过白话文和文言文，现在我们就从五四运动时期的白话文谈起。

我认为，现代汉语文学语言的发展，从五四白话文运动开始，曾经发生三次大争论，每一次争论都使汉语文学语言向前发展一步。第一次争论是五四时期提倡白话文、反对文言文的争论。第二次是三十年代提倡大众语、反对文艺八股的争论，第三次是四十年代反对党八股的争论。

先谈谈白话文和文言文的争论。

五四前夕的白话文运动是由两部分力量发动的：一是以《新青年》杂志为代表的新文化运动力量；一是以“国语研究会”为代表的推行教育和国语运动的人士。

那时社会上通用的文章都是用文言文写的，学校的课本也都用文言，这对于国民教育是一个很大障碍。他们认为，因为文言文很不容易学，而且内容陈腐，“大多数国民以不通文义之故，于国家政治绝无所知，一二人操纵之，虽有亡国败家之祸，弗能喻也”。（黎锦熙《教育之根本问题》）因此主张用言文一致的白话文写文章，这种主张立即遭到反对，双方反复争论的文章有十多篇，都登在1916年的《北京日报》上。1917年《新青年》发表了三篇关于“文学革命”、“文学改良”的文章，更加显明地提倡白话文，而且第三卷三期开始用白话文写论文。至于用白话写小说、话剧，要更早一些。到1919年五四运动时，因为全国兴起一次空前的爱国运动，白话文运动也随之而蓬勃发展。在这以前，全国多数报纸、刊物都还是用文言文，但五四以后，全国白话小报突然增至四百余种。接着，1920年，当时的教育部决定用新编的白话文语文课本代替旧国文教材，到1923年，中学语文课本也改用白话文和文言文合编。这场争论和斗争，宣告了白话文的胜利。

还要谈谈五四时期文学语言的创造问题。

五四以前的白话文，文艺语言比论文语言基础要好得多。白话小说的源头可以上溯到唐代的敦煌变文，再就是明清的白话小说。罗贯中的《三国演义》，文白夹杂，还不能算是白话，《水浒传》就比较口语化了，《红楼梦》的语言达到第一次高峰，给现代汉语文学语言奠定了初步的基础，但这些毕竟是三百年前的文学语言，还要加以创新和改造，才能写出当代人的思想感情。

至于论文语言，过去的基础就太薄弱了，就是当时提倡白话文的先进人物，在最初也都是文言文写文章。《新青年》、《北京日报》上提倡白话文的文章，最初都是用文言文写的，后来开始学写白话论文，也仍然带着文言文的腔调。下面我们看一段那时的文章：

胜利了！胜利了！联军胜利了！降服了！德国降服了！家家门上插的国旗，人人口里喊的万岁，似乎都有这几句话在那颜色音调里隐隐约约的透出来。联合国的仕女，都在街上跑来跑去的庆祝战胜。联合国的军人，都在市内大吹大擂的高唱凯歌。忽而有打碎德国人商店窗子上玻璃的声音，忽而有拆毁克林德碑砖瓦的声音；和那些祝贺欢欣的声音遥遥相对。在留我国的联合国人那一种高兴,自不必说。我们这些和世界变向没有很大关系似的国民,也得强颜取媚,拿人家的欢笑当自己的欢笑;把人家的光荣做自己的光荣。学界举行提灯;政界举行祝典;参战年余未出一兵的将军,也去阅兵,威风凛凛的耀武;著欧洲战役史论主张德国必胜又主张对德宣战的政客,也来登报,替自己做政治活动的广告,一面归咎于人,一面自己掠功。像我们这种世界的小百姓,也只得跟大家凑一凑热闹,祝一祝胜利,喊一喊万岁。这就是几日来北京城内庆祝联军胜利的光景。

(1918年《新青年》五卷五期,李大钊《Bolshevism的胜利》

用现代汉语的规范来衡量,这种白话文无论在词汇、语法和文章风格方面,都有些与今不同的地方。例如,"降服"现在叫"投降";"世界变向"现在叫"国际形势";"插的国旗"、"喊的万岁"的"的"现在写做"着",这是词语的不同。"在留我国的联合国人"、"和世界变向没有很大关系似的国民"是两个复杂的偏正结构,但是,"在留我国的"现在只能说"留在我国的";"和世界变向没有很大关系似的"也不宜于做"国民"的定语。至于文章的语言风格和腔调,显然是从当时流行的文言文变化出来的,那个时代,梁启超式的新文言文曾风行一时,新创的白话论文语言带着这种文腔是很自然的。

从这类白话文章中,也可看到当时"创造"的艰辛。五四时期中国文化思想界发生了巨大的变化,新文化、新思想、新科学不断从外国传进来,要反映这些新事物,就得借用、创造大批新词语,也需要创造、借用一些汉语能够接受的语法结构。这些都需要创造。例如,"阶级斗争"这个词,原先译做

"阶级竞争",后来又改为"阶级争斗",最后才改为"阶级斗争"。"民主"这个词,最初音译为"德谟克拉西",《新青年》戏称为"德先生",以后义译为"惟民主义"、"民主主义",最后"民主"一词才通行。女性第三人称代词"她"是经过几篇文章讨论才被采用的。可见当时提倡和"创造"白话文是如何艰难。

反对文艺八股的争论是三十年代鲁迅领导的。这是在白话文取得胜利后关于文章风格的争论。

三十年代的文学语言有三种倾向:一种是崇尚一种半文半白的小品文;一种是崇尚欧化句法、结构混乱、文义模糊的文艺八股。以鲁迅为代表的一派,则主张提倡大众语、反对以上两种文风。

从五四运动到三十年代的十几年,出现了不少卓越的作家作品。这些作品大大丰富了现代汉语文学语言,鲁迅、茅盾、郭沫若、冰心、老舍、巴金等人的小说、散文、杂文,成为现代汉语的规范,他们对现代汉语文学语言的成熟与发展,做出了巨大的贡献,有些作品至今还为群众所喜爱;有几位老作家仍在从事写作。

可是也有少数"作家",喜欢用一种完全脱离口语的语言从事写作,生造一些词语,用一种"欧化语法"写一些不合汉语语法的句子,严重破坏了汉语文学语言的特点,试看下面的几段描写:

在阴暗沉霾的屋角,我着意一个枯涩的嘴唇在颤,赭灰的血在上面凝结了。空气也要冻凝成晶体,我看不分明对面的物象隔绝在蒙蒙的细雾和凛凛的晶凌间。我听见一声最后的蝉鸣,我的心正随着那摇曳无尽的蝉鸣在悠回着的时候，那蝉鸣陡忽嘎然的中断，空气已经结成晶体了。

（摘自《新文学大系》七集 356 页）

这并非是十四年以前的时间的海洋里，竟看不见一点飘荡的青藻足以系住他的索思，其实望见的只是茫茫的白水，须得像海鸟般在波间低徊，待到落下倦飞的双翼，如浮鸥似的贴在一个清波上面，然后那仿佛正歌咏着什么在这暂时有了着落的心中的叹息，才知道这个小小的周围是很值得眷恋的。

（同上 350 页）

我在这东西旁边盘旋玩耍，直到"赫儿赫儿"地呼唤着的即在今日还能引我潸然下泪的母亲的声音，可爱地送到我的小耳朵里。

（同上 351 页）

这三段文字是从三篇文章中抄录下来的，文章不是一个人写的，但文腔相仿，文章要表达的内容并没有什么不易表达的意境或情趣，可是语言却写得异常古怪难懂，用了不少生造的词语，还有些语法结构异常混乱的句子；有些句子不知所云。例如，什么叫"沉霾的屋角"？"着意一个枯涩的嘴唇在颤"的"着意"是什么意思？"嘴唇"的定语"一个"作何理解？因为寒冷或恐惧说话时双唇颤抖是心理、生理解释得通的，为什么只有一个嘴唇在颤？"空气也要冻凝成晶体"也说不通，"冻凝"也是生造的词，一般只用"凝结"。空气怎么会凝结成"晶体"呢？"凛凛的晶凌"生造了两个词，"那蝉鸣陡忽嘎然的中断"其实是蝉鸣声忽然中断，作者却硬造了"陡忽嘎然"两个词。

第二段文章只有一个句子，共用了七个逗号，主语好像是"他"，但是全句结构混乱，很难理出头绪，汉语文学语言中不能容许这样的文腔。

第三段也是一个长句子，可是按内容和结构说，是一个不完整的句子。按现代汉语的语法习惯，"直到……"后来应该接一个"才……"的分句，意思才完整，这个句子的意思应该是"我在……玩耍，直到听见母亲呼唤的声音方才回家"。这里用了很长的定语修饰"声音"，却没有下半句，用"可爱地"修饰动词"送"也很奇特。

总之，这是当时文学语言中的一股逆流，鲁迅把这种文章叫做文艺八股，读起来让人憋气。

还有一种文白夹杂的小品文，也是文学语言的一股逆流。这类文章的作者提倡一种雍容、幽默、高雅的文风，语言则文言和白话夹杂，脱离口语，也举一段文章为例：

此地略谈我们所谓理想教育。这教育理想当然于现此无实现之可能，然实现与不实现都不相干，我们在此沉寂无聊的教育生活中所能求的慰安是一种画饼充饥望梅止渴之办法而已。且既不希望其立刻实现，我们可不为环境之逼迫，来限制我们理想的计画，又可不必派代表奔走于一些无信义的官僚之门，不求得一涓滴之赐，岂非快事？

（《新文学大系》散文二集三〇一页《谈谈理想教育》）

……死生之悲哀，爱恋之喜悦，人生最深切的悲欢甘苦，绝对的不能以言语形容，更无论文字，至少我是这样感想，世间或有天才，自然也可以有例外，那么我们凡人所可以文字表现者只是某一种情意，固然不很粗浅但也不很深切的部分，换句话来说，实在是可有可无不关紧要的东西，表现出来聊以自宽慰消遣罢了。

（同上二二八页《草木虫鱼小引》）

两段文章都夹杂了一些文言词语，如“此地”、“略谈”、“于现此”、“无实现之可能”、“死生之悲哀”、“所可以文字表现者”等，都可换成口语。但那样一来，就不是这种小品文的腔调了。也有些汉语中不用的语法结构，“至少我是这样感想，世间或有天才，自然也可以有例外”，是三个插说；“固然不很粗浅但也不很深切的部分”是“情意”的复指成分；这类结构在汉语中很少见，读起来很别扭。

以上这两种文章，文腔不大相同，但都同口语、同群众相脱离，不符合文学语言的规范。

四十年代在延安进行的反对党八股的斗争，实质上是三十年代反对文艺八股斗争的继续和发展，经过这次整顿，解放区的文艺语言和论文语言都发生了重大的变化。现代汉语文学语言更趋成熟，更能为人民所喜闻乐见。以毛泽东为代表的论文，以赵树理为代表的文学作品，是这种文学语言的典范。

在五十年代，这场促进现代汉语规范化的斗争一直还在继续。吕叔湘、朱德熙在《人民日报》上连载的《语法修辞讲话》一书，在现代汉语规范运动中起了重要作用。1955 年的现代汉语规范学术会议，对五四以来的成绩加以总结，明确地提出了现代汉语的规范。在这次会议以后，语言学界做了许多重要工作，如推广普通话，大力推行汉语拼音方案，编写现代汉语词典，开展现代汉语语法研究，大力提倡文学语言的健康发展；这些工作都对现代汉语文学语言的发展发挥了积极的作用。

四十多年来的现代汉语文学语言，从宏观上看，发展是健康的，正常的，同二十年代的白话文相比，已经达到了成熟的阶段，同三十年代四十年代相比，克服了欧化语法、文艺八股一类的不健康现象。出现了许多堪称文章典范的论文、散文、小说、话剧，这是一个进步。

但是，也还有一些类似文艺八股、党八股的作品不断出现。例如，“文革”期间那种假、大、空的文章，程度副词“最”字连用四五个之多，是典型的“八股”。近些年出现的所谓模糊诗，可以完全不讲究语法。有些谈论文学理论、语言理论的文章，故意使用一些连作者也不十分理解的术语，故意使用一些结构复杂的长句，使人看了头痛。这些现象虽然不是主流，但仍然需要指出，免得青年人上当受骗。

从中国文学史、语言史的角度看，用现代汉语写出的文章、文艺作品，无论从数量上和质量上，都还比不上两千多年来用古文写出的许多名篇、名著、名诗。从《论语》、《孟子》、《庄子》、《荀子》到司马迁、贾谊、班固，到唐宋八大家，从《诗经》、屈原到陶渊明，到李白、杜甫，再到李后主、辛弃疾、李清照，以及元明的剧作家，他们的有些名篇、名句，至今仍为人们所传诵。现代汉语文学语言的成熟，只有几十年的时间，用老白话写出的《儒林外史》、《红楼梦》，也只有三四百年的历史。在将来，我们将会看到更多更好的现代汉语典范作品出现。

# 10

问：请您谈谈汉语研究的情况，当前研究汉语的人，大概可分为两类，一类是研究古代汉语的，一类是研究现代汉语的。大学汉语言文学系的课程也都开设了“古代汉语”和“现代汉语”两门课。听了您上面谈的一些论点，似乎这两者虽有时代的区别，但古今关系却非常密切，有些问题在这两门课程中都未论及；您对这种现象有何看法？

答：关于汉语研究的情况，应该从传统语言学研究说起，一直说到当今汉语研究的各个方面，要解答这个问题，需要写一部“汉语研究史”。我在这里只是谈一个很粗疏的大纲。

在战国时期已经开始了汉语的研究工作，《尔雅》是一部最早的百科性汉语词典，汉代的经师对先秦典籍的词语所做的注释，充实了这部词典的内容。以后又有《广雅》、《小尔雅》一类著作。扬雄的《方言》是最早的一部汉语方言词典。许慎的《说文解字》完成于公元 121 年，是一部杰出的汉语字词典，也是当时世界上第一部真正的语言词典。

唐、宋、明，关于汉语语言文字的研究，都是汉代研究的继续。也有不少可供参考的著述。

到了清代乾隆、嘉庆时期（公元 1736—1820）出现了一个以语言研究为基础的学术高潮，那时的汉语汉字学叫做“小学”,《四库全书》的小学类分“训诂”、“字书”、“韵书”三类。乾嘉学者的小学类著作都可分属于这三类,但又往往三者兼通。王念孙的《广雅疏证》是训诂学专著,他在序言中说:“窃以训诂之旨,本于声音。故有声同字异,声近义同;虽或类聚群分,实亦同条共贯,譬如振裘必提其领,举网必挈其纲。”“就古音以求古义,引伸触类,不限形体”。这就是说,利用音韵变易的规律和文字学的知识,探讨古代词语的词族关系,因此这部书成为训诂学的名著。段玉裁的《说文解字注》是一部文字学著作,又是研究汉语词义引申的训诂学著作,王念孙在序中说,段氏“于古音之条理,察之精,剖之密,尝为《六书音均表》,立十七部以综核之,因是为《说文注》,形声、读若,一以十七部之远近分合求之,而声音之道大明。于许氏之说,正义、借义,知其典要,观其会通,而引经与今本异者,不以本字废借字,不以借字易本字;揆诸经义,例以本书,若合符节;而训诂之道大明。训诂、声音明而小学明,小学明而经学明”。也说明段氏这部书是兼明文字、音韵、训诂的一部书。当然也有这三方面的专著,但是当时“小学”(汉语言文字学)的这种一分为三、三合为一的情况,则是当时汉语研究的一大特点。当时的汉语研究,在几个方面都达到很高的水平。例如,关于上古音分部和语音变易的研究;关于语义引申的研究;关于汉语词族孳生裂变的研究;关于汉字造字方法——“六书”的研究;都把汉语研究提到一个新的水平。“小学”原来只是为解读古籍服务的学问,这时却形成了音韵学、训诂学、文字学这三个姊妹学科。

这种研究框架,一直保持到现代。

北京大学中国语言文学系的语言学课程,二十年代叫做

“文字学音篇”、“文字学形义篇”。二十年代改为文字学、音韵学、训诂学。后来又加上语法学和语音学。

中国过去没有讲语法的专书，马建忠在公元 1898 年出版了他的《马氏文通》，这是我国第一部汉语语法专著。于是汉语研究增加了一个新学科。

从二十年代开始，汉语研究又有了新的突破。

十九世纪欧洲语言学有很大的发展，用历史比较法说明了印欧语系诸亲属语言之间的关系。这种研究方法，经瑞典学者高本汉 (Bernhard Karlgren) 介绍到中国，他在公元 1926 年撰写《中国音韵学研究》一书，用二十二种汉语方音做基础，加上韵书资料，构拟出中古音音系。后来这部书由赵元任、罗常培、李方桂三位先生译成中文。这种新的研究方法，使汉语音韵学发生了巨大的变化。接着，赵、罗两位先生率先对吴语、厦门方音、临川方音做了调查和分析，到近几十年，进行了汉语方言调查的普查，绘制出全国方言地图，音韵学家利用这些材料和清代小学家得出的古音分韵和上古音分部、声类相结合，使汉语音韵学研究走在汉语研究诸学科的前面。

此外，近六七十年来的古文字研究，因为古文字资料的大量增加，也有了很大发展。

以上的研究，主要是属于古汉语的范畴。

关于现代汉语的研究，黎锦熙的《新著国语文法》是第一部开创性的著作，这部书 1924 年出版，到 1955 年止，共印刷 24 版，是六十年代前独领风骚的现代汉语语法著作，这部著作借鉴了当时通行的纳氏《英语语法》，吸取了《马氏文通》的一些观点，拟定了现代汉语语法体系。这个体系的影响很大，因为是开创性的著作，缺点也不少，有人甚至贬之为“英语语法汉证”，那是把缺点过分夸大了。

近五六十年来，现代汉语语法研究的成绩最大，著述最多，在这方面贡献最大的有赵元任、吕叔湘、丁声树、朱德熙几位先生。

赵元任的《中国话的文法》一书是应用描写语言学方法研究现代汉语语法的第一部著作。他打破了传统语法的框架，对汉语词类和词组结构做出细致的描写。以后，丁声树等人的《现代汉语语法讲话》，朱德熙的《语法讲义》等书，都是走的这个路子。

美国描写语言学是从调查落后民族的语言总结出来的一套语法理论和分析方法。这个学派的优点是根据一种语言的实际，分析其音位—语素—词—词组—句，可以仔细描写一种语言的结构。他们往往强调，在分析语言结构时要撇开语义。

吕叔湘先生则是当代更重要的语法学家，《中国文法要略》一书，是他早期的著作，他力图摆脱印欧语语法的框架，努力探索汉语本身的语法规律，全书的内容同一般语法著作不同，例句古今兼用，不是专讲现代汉语的，书中有许多精辟的见解，至今还值得思考。1984 年出版的《汉语语法论文集》收集了他五十年代以后的论文，也采用了描写语言的方法，但更注意语法形式同语义的结合。

语法学的成果，后来由人民教育出版社中学汉语编辑室拟定了一个《暂拟汉语教学语法系统》，作为中学汉语语法教学的“共同纲领”，从此中学汉语课（以后恢复为语文课）有了系统的语法知识教学，对于推广普通话、提高语言运用水平发挥了积极的作用。

在词典编纂方面，要特别提到《新华字典》和《现代汉语词典》。后者是丁声树、吕叔湘两位先生先后主持编纂的，已发行两千多万册，是目前最好的一部中型现代汉语词典，《新华字典》曾由魏建功先生主编，虽然是一部小字典，却是五十至七十年代唯一的一部汉语字典。

以上是现代汉语研究的概况。

高等学校中文系的语言课，从五十年代开始，因为学习苏联，开设了三门课，除“语言学概论”以外，只有“现代汉语”和“古汉语”两门课，这个框架一直延续到今天。从这三门课的教材来看，“古汉语”包括音韵学、文字学、训诂学和文献学的部分内容。但主要内容是诗文选读。这个课对于提高古代典籍的阅读能力的确很有帮助，但是对古汉语许多专题的探讨不够。“现代汉语”的语音、语法两部分，内容充实，对于推广普通话和文学语言的语法分析，效果显著，但汉字部分则异常单薄，内容有不少需要重新讨论的问题。至于“语言学概论”一课，当初开设的目的，应是介绍国外语言学理论，用以分析和解决汉语汉字的问题，主要内容仍当以分析汉语言文字为主；但是这方面的好教材不多，有些学校甚至取消了这门课。

现在看来，把汉语分成两个课，在普及汉语知识和汉语研究的趋向方面产生了一些消极影响。第一个消极影响是把现代汉语和古代汉语截然划分为二，教古代汉语的教师可以不管现代汉语；教现代汉语的可以不懂古汉语。甚至有些研究汉语的人也有这种偏向。其实汉语中的许多问题，都要从源和流的关系中加以分析，现代汉语的语音、方言、词汇、语法、汉字，都需要同古汉语作历史的比较。古汉语也要从历史演变的角度落实到汉语的现状。如果只注重共时的描写，不重视历史的比较，便只能知其然而不知其所以然。

第二个消极影响是忽视了前人研究的成果，前人开辟的路子有的没有继承、发展。例如，乾嘉学者以及近人沈兼士、杨树达等人关于文字训诂的研究，八十年代以前研究古汉语的论著很少谈到，当时有人甚至把“训诂学”误写为“训话学”。在调查方言方面，罗常培先生在总结三十年代的方言调查时，几次谈到，调查方言应该兼顾词汇和语法，不要只作语音调查；但是这个意见直到近几年才逐渐得到重视。

近几年来，有些高校中文系加开了文字学、训诂学、音韵学等选修或必修课；汉语史专业的研究生，则普遍开设了这几门课。为什么要恢复这个旧传统？原因是，过去在这方面学苏联并不恰当，汉语是有悠久历史的语言。古人用了很大力气从各个方面探讨汉语的历史，关于这方面的文献和论著浩如烟海；俄语或其他语言都无法相比。把几门姊妹学科取消，企图把所有这些内容压缩在“古代汉语”这一课程中，是很不妥当的。

我认为，大学中文系的“语言学概论”这个课也要重新考虑，或者改革这个课的内容，或者改成“汉语概论”或“汉藏语概论”。“汉语概论”可以吸取国外语言学理论，用历史唯物主义的观点分析汉语的音韵、词汇、语法和文学语言；说明汉语的过去和现在。这个课应该在前两门课的基础上讲授；是提高课。这样可以加深对汉语的认识；又可以引导一部分学生做这方面的学术研究。

现代汉语语法研究的成绩很显著，这一点应当肯定，但是只讲语法还不行。近些年来修辞学、文章学的研究逐渐得到重视，这是个新的趋向，也是旧传统。中国是个文章大国，从《论语》、《孟子》、《老子》、《庄子》、《荀子》这些春秋战国时的文章算起，到汉魏六朝，再到唐宋的古文，没有哪一个国家有这么丰富的文章宝库。关于文章理论的著作也很出色，刘勰的《文心雕龙》一书是公元 520 年前写成的一部体系完整的文章学（广义的文学）理论著作，不但在中国，同其他国家比较，也是当时独一无二的巨著。这部书的"章句篇"专讲文章的篇章结构和用词造句的关系；"练字篇"专讲用字；"比兴篇"、"丽辞篇"、"夸饰篇"讲修辞手段……是一部结构完整包括文章学各个方面的著作，总结了先秦、两汉、魏晋文学的写作经验。当然，这部书谈的都是齐梁以前的文章，而且是以当时流行的骈体文为主要依据。但是这种全面分析文章的做法，则是中国文章学研究的传统。唐代以后讨论文章写法的论著，多采用书信、随笔、诗话、书序的形式，不再有《文心雕龙》那样的专著了。近些年来，许多语文教师和现代汉语专家都在探索新路子，使语言教学更能适应语言应用的需要，大家都在打破单纯讲语法或单纯讲修辞的框架，其实是走恢复和发展老传统的路。当然这不是照搬刘勰的议论，不是复古，而是旧事物螺旋形上升的大循环，是对于文化遗产的批判地继承。

还有一种趋向也要说一说。

四十年代，李方桂、罗常培两位先生在云南、四川开展了汉藏语系诸亲属语言的研究。从五十年代开始，以中央民族学院语文系为据点，培养了大批少数民族语言专家，对全国各少数民族语言做了普查，写出语言简志，最近由马学良先生主编出版了《汉藏语概论》一书。这对于汉语研究将会起到极大的影响，因为我们可以站在原始汉语、原始汉藏语的高度来分析汉语，古汉语中的许多问题，过去不能说明的，今后可能从汉藏语的高度加以说明。我在前面的谈话中，偶尔应用了这方面的材料和方法，这个路子也是个新路子。

上面谈了汉语研究的过去、现状和今后的趋向，说得极简略，极粗疏，挂一漏万，很不全面，只供大家做个参考。

# 11

问：前面谈了汉语方面的一些问题，这些知识，无论在汉语应用方面或在理论方面都有好处。现在请您谈谈汉字方面的问题。汉字是同拼音文字很不相同的文字。从上小学开始，一直到读大学汉语言文学系，老师都说汉字难学、难写、难认、难记。这种观点我一直深信不疑，也曾经拥护废除汉字的主张。但是这几年读到一些文章，又说汉字是最优秀的文字，比拼音文字好得多，想一想也很有道理，孰是孰非，很难判断，请您谈谈这方面的问题。

答：这是个很复杂的问题，一两句话说不清楚，需要对文字和有关汉字的一系列问题一一加以阐述，才能对汉字有个比较全面的认识。

文字是记录语言的符号体系，汉字是记录汉语的一套符号体系。世界上现在影响较大的文字几乎都是拼音文字，只有汉字是例外。一百多年来，国外和国内的学者对汉字的性质有几种不同的看法，对汉字在人类文字发展史上的地位，评价也不相同。因而在对待汉字的态度方面，在汉字教学方面，都存在着一些问题。

要解决这类问题，我以为，首先要搞清楚现代汉字的结构；然后从历史上看，汉字是怎样演变成这种文字的；对六书、古今字、本字、通假字、异体字、同源字等有关文字学的问题也要一一加以解释，在这个基础上才能比较汉字的优点和缺点，也才能提出有关汉字教学的建议。

# 12

问：这种谈法很好，请您就从现在的汉字谈起。

答：现代汉字的构造可以概括为三大类：表形字、表音字和形音字。

表形字包括“六书”中的象形字、指事字、会意字这三类字。人类最早的文字都是从记事图画演变而成的，这种文字都是根据客观事物的形状和特色创造而成的。现代常用汉字中还保存了大约500多个表形字，象形、指事、会意是表形字的三个小类。

象形字是用写实法描绘事物的形状造成的字，如“鸟”、“马”、“牛”、“羊”、“山”、“水”、“目”、“口”、“木”、“禾”、“门”、“火”、“网”、“心”、“肉”、“手”、“足”、“鹿”、“牙”、“鼠”、“弓”、“刀”、“果”等字。古文字的写法都像画画一样，用比较简单的线条，抓住特点描绘出某一事物。如“目”甲骨文作，象眼睛形；“月”作，象月牙形；“禾”作，象禾穗下垂形；“心”甲骨文作，金文作，象心脏形。现代汉字用楷书，笔画从“随体诘诎”的曲线条变成点（丶）横（一）竖（丨）、折（乛）撇（丿）捺（㇏）等楷书笔法，已经不像写生画了。但是用以同相应的古文字稍作比较，仍然可以看出其命意所在。所以这些字仍然是象形字。

指事字是用抽象手法表示抽象事物的字，比如“上”、“下”两个字，用写实的象形法是画不出来的，于是用一横表示一个界限，在一横上面画一小横表示在上；在一横下面画一小横表示在下，这就是指事字。单独的指事字很少，只有上、下、一、二、三这几个字。多数是在象形字上加个符号以指示其用意所在，例如“末”字是在木字上部加一横点（）以表示树木的末梢；“本”字是在木字下部加一横点表示树木的根部。“刃”字在刀字的刀口上加一点表示刀刃，这类指事兼象形的比较多。

会意字其实就是复合的象形字，用两个或三四个象形符号合在一起以表示一个词义，这就叫会意。例如，“武”字甲骨文从“戈”，从“止”（趾），意为荷戈出征，出征就要动武，用“止”、“戈”两个象形字表示“武”字的字义。“祭”字从肉、从又（手）、从示。手里拿肉祭祀鬼神（“示”是和鬼神有关的符号），用三个字表示祭祀义。“集”字从隹（鸟）在树上（古文字象三只鸟集合在树上）。“涉”字从水、从两止（趾），两只脚涉水而渡。“射”字金文作，象以手持弓矢以射形，楷书变成从身从寸，因而失去原来造字的本意。这类字在表形字中数量较大。

这些表形字是汉字的基础，寿命极长，许多表形字甲骨文中已经出现，一直保存到今天，虽然字体由大篆变成楷书，但多数仍可看出原来的形象和轮廓。

汉字的表音字就是六书中的假借字。有些字用表形法是不可能创造出来的。例如汉语中的虚词，“你的”、“我的”的“的”；“他来了”的“了”；“又下雨了”的“又”；用表形法是造不出来的。因为无形可象,也没有词汇意义(只有语法作用),于是用一个声音相同的表形字当做表音符号,记录这个词的音,这就叫假借字。“来”字本象麦穗形,原来只是表示“麦”的象形字,因为同往来的来同音,就假借为往来字。“西”字象鸟栖巢形,是“栖”字初文,因为同西方的西同音,就借为西方、东西的西。“求”字本象皮裘形,是“裘”字初文,假借为祈求的求。“每”字象女人头上戴着簪子,甲骨文常和“母”字用法相同,现在用作代词或副词的“每”,是个假借字。

其他如“前”、“率”、“且”、“豆”、“它”、“闲”、“也”、“易”、“之”、“焉”……等,在常用字中大约有300多个。

还有一些字,既表示它的本义或引申义,又有假借义。如“须”本象面部胡须形,又假借为“必须”字;“谷”字的本义为山谷,又假借为五榖的“榖”。“甲”字的本义为甲壳,装甲车、指甲都是用的本义或引申义;又假借为“甲子”的“甲”(古代用天干地支纪日、纪年用的符号字)。现在还用甲、乙、丙当做数序的一种符号。这一类兼做假借字的表形字也有一批。

假借字的特点是只注音不表形,不能根据字形探讨假借字所表示的词义。例如,“求”本象皮裘形,和请求的“求”,词义全不相干,只是两个词的读音相同而已,这个造字法是文字发展的一个重要阶段,有了这个办法,遇到口语中的抽象词、虚词以及用表形法无法创造的字,都可以用这个办法,“以不造字为造字”,既省力,又方便。如果顺着这个表音文字发展的方向发展下去,汉字就会变成拼音文字。

第三类是形声字,形声字是由形符和声符两部分合成的文字,汉字中的绝大多数都是这种文字。例如“桐”字从木,同声，用以表示桐树这个词；“筒”字从竹，同声，用以表示竹筒、笔筒的筒；“洞”字从水，同声（读音稍变），用以表示洞穴、空洞的洞；“铜”从金，同声，用以表示铜这种金属。这几个字读音相同或相近，加上不同的形符，就知道每个字的词义。至于松、柏、柳、杨、桔、樟、槐、榆、橡、椰、桃、梅等字，形符都从木，但声符不同，因而各自表示不同的树名。

形声字的特点是既可因形符而使文字同它所表示的客观事物相联系，又能因声符而表明其读音。这种文字兼具表形和表音两种功能。汉语中的同音词很多，同样一个音节，往往包括许多同音词或同音词素，如果用纯粹的表音文字，就很难判断是哪个词。例如，读做“甘”(gān)这个音节的词有“杆”（旗杆）、“肝”（肝脏）、“矸”（煤矸石）、“竿”（竹竿）、“坩”（坩埚）、“泔”（泔水）、“柑”（柑橘）、“疳”（病名）、“尴”（尴尬）等词。如果把这些字的形符都去掉，只写做“干”或“甘”，就很难区分这些同音词的差异。

现代汉字中的绝大多数是形声字。据统计，在4000左右的常用汉字中，形声字大约占80%左右，在大型字典中，则占95%以上。

以上是现代汉字的组成情况。概括地说，现代汉字不是用一种构造方式形成的文字体系，少数表形字是原始文字的残余，又是汉字的基础，少数表音字是文字向表音方向转化的遗迹，形声字则是汉字的主要组成因素。

拿汉字同拼音文字比较，可以说同中有大异。

一切成熟的文字都能记录与之相应的语言。汉字在这一点上同英、法、德、俄等国的拼音文字一样，都能够胜任这个任务。用汉字写成的文献资料，时代之久，数量之大，可以说举世无双。

但就文字体系说，汉字却与拼音文字大不相同。从性质上说，拼音文字只表音，汉字则兼表音和形。从字形上看，拼音文字用二十几个字母拼写出所有的词，写出来词长短不一，是线形的。汉字则每一个字都有一种写法，一个字写成个方块；这样的方块字，常用字有四五千个，大型字典中共有六万左右。从学习的角度看，二者也有极大的差别。拼音文字的二十几个字母很容易学会，只要学会了这些字母，一切词语都可拼成。汉字要一个个学，至少学会三四千个才够日常使用。从这一点看，孰难孰易，极易判断。但是，从两种文字的性质来看，拼音文字是一种无理性符号；汉字则除少数表音字（假借字）外，基本上都是有理性符号。从符号学的角度看，有理性符号容易理解，容易记忆。无理性符号则很难记忆。毒药瓶子上画个骷髅；马路转弯处立个牌子，上面画个“!”号；托运易碎物品的货箱上画个酒杯，都是有理性符号。这些符号一望而知，极易理解，也极易记住。电话号码、电报码，则是无理性的符号，只能硬记。英文的 man 和 woman 为什么分别表示男人和女人，没有理由可说，在这几个字母上也找不出跟男人、女人的任何联系。但汉字的“男”、“女”两个字，却是有理性的，“男”字从田从力，男人在田中劳动，是个会意字；“女”字甲骨文作，象女人两手相交，描绘出女人的特点，是个象形字。这些汉字可以从字形上看出词义，因而是有理性的文字。从这个角度说，汉字学习有明显的趣味性，学习难度又小些。

还可以做另外一些方面的比较。这里暂且不说。

一种文字多半是使用这种文字的民族历时多年创造出来的，现代汉字是从商代的甲骨文字逐渐演变而成的。现在我们既然仍在使用汉字，就应当好好研究它，掌握它的规律，说明它演化的历史，并且利用这些知识更快地掌握它，应用它。用以同拼音文字以及其他文字作比较，目的也是对它了解得更深入。不能简单地说，哪种文字更好，哪种文字不好。

# 13

问：汉字的确是一种同拼音文字大不相同的文字体系，您说现代汉字是从甲骨文字演变而成的，请您谈谈甲骨文的情况。

答：先谈谈甲骨文是什么东西。商代的甲骨文是目前发现的最古老的汉字，商代奴隶主崇尚占卜，用龟甲和牛肩胛骨占卜。占卜后把占卜的内容、应验的情况用文字刻在甲骨上，这文字就称做甲骨文；占卜的刻辞叫做卜辞。甲骨多是在河南安阳小屯村一带发现的，是公元前十四世纪中期到十一世纪（商王般庚到商纣时）的遗物，这些甲骨埋在地下已经3000多年，九十多年前甲骨文被王懿荣确定为商代文字，以后刘铁云、孙诒让、王国维、罗振玉、董作宾、孙海波、郭沫若、唐兰、胡厚宣、陈梦家、商承祚、于省吾等人在发掘、整理、研究甲骨文方面都有很大的贡献。《甲骨文合集》共收甲骨41956片，以后又续得四千余片，总数四万七千余片。每片文字不等，最多的有一百多个字，一般一二十字。近年又在陕西扶风一带发现了近三百片周甲骨，文字同商甲骨文属于同一体系。这批甲骨文字的发现是一项重大发现。过去研究汉字的学者，都认为许慎《说文解字》中的篆文是最早的汉字，甲骨文的发现，开拓了文字学家的视野，使我们对汉字的原始面貌有了深刻的认识。

从文字体系的角度来看，甲骨文字是现代汉字的源头，古今相比，有同有异。

从字形来看，甲骨文字的字形、线条，更接近于“画成其物、随体诘诎”的写实手法，有些字还带有记事图画的痕迹。例如，“虎”字有的写作徐一七·一；“马”字有的作乙九〇九二；“鹿”字有的作甲一二三三；“象”字有的作前三·三一·三；画得十分传神，完全画出了这几种动物的形象和特点。楷书的虎、马、鹿、象几个字，把原来“随体诘诎”的屈线变成点、横、竖、折等笔画。如果不拿来同古文字的写法相比，就看不出其笔画的用意了。

从整个文字体系来看，四五万片甲骨卜辞中共整理出四千一百多个字。经过专家考订，可以认识的字不到一千。根据这一千左右的甲骨文字，可以看出商代文字也包括了表形字、假借字和少数形声字。

表形字仍然包括六书中的象形、指事、会意这三小类。

甲骨文字中许多象形字，一直留传到现代。如人、牛、羊、日、月、木、雨、水、火、目、弓、矢、女、母、豕、肉、舟、衣、耳、角、贝、竹、禾、门、食、宫、首、免、犬、鸟、雀、鱼、龟等。

单纯的指事字也很少，只有上、下、一、二、三、亖这几个字（春秋战国文字亖写作“四”）。在表形字上加指事符号的字，同现代汉字的情况没有大的差别。

会意字比较多，因为描绘逼真，比较容易看出用意所在。例如，“陟”、“降”两个字，从小篆或楷书字形上已难看出造字者的用意，甲骨文“陟”字作铁一三九·一，左边两只脚，脚趾向

上,右边象山阜形,意思是两足向山上攀登。“降”字作铁一九·二,象两脚向下走,方向与陟相反。这简直是两幅上山下山的写意画。“受”字甲骨文作后上一·三或戬四七·七,象两人用手捧盘相授受形,是个会意字,许慎说是“从𠬪,舟省声”;因为他没有见过甲骨文的写法,因而致误。再看“劓”(yì)字,《说文》说:“臬刂,刑鼻也。从刀,臬声。易曰:天且臬刂。劓,臬刂或从鼻。”劓是商代就有的一种肉刑,“刑鼻”即把人的鼻子割掉,甲骨文作铁二五〇·一,象用刀刑鼻形,是个会意字。“刖”字也与此相类。《说文》说:“刖,绝也。从刀,月声。”其实,甲骨文作粹一二二三,象以刀断肉形。这类会意字在甲骨文中很多,是甲骨文中表形字的主体。

甲骨文中也有少数形声字,多是在象形字上加注声符而成的。例如,“凤”字甲骨文作续四·二二·七,本是个象形字。又作粹八二六,加注(凡)声,后来形符演变为“鸟”,成为“鳳”。“仓”字甲骨文作前七·三·四,象仓形,加注“”(爿)声。“星”字本作晶铁五〇六或甲六七五,本是象形字,或加声符“生”为乙一八七七、前七·二六·三,这是最早的形声字。这类形声字的形符本来是完整的表形字,加注声符的目的是注明这个字的读音,同后来的形声字不大一样。例如,从“鸟”形的鸠、鸳、鸯、鸦、鹗、鸥等字,如果只写做“鸟”,不加声符,便不能分辨这些不同的鸟类。从“日”的时、晓、晖、晦、晚、晴等字,如果不加声符,也不能表示这些词的词义。甲骨文中这样的形声字比较少。

有些字后人误认为是形声字，其实并不是。例如，《说文》“寮”字下说：“寮，穿也。从穴，尞声。”认为是形声字，但甲骨文作京三三一六，象于大宫室中燃火以表示多人在宫中形，当是原始社会生活的写照。现在一些少数民族的“公房”，为男女相聚歌舞之地，“寮”字即此种公房，是个会意字（此字后写作“寮”）。又如“卿”字，《说文》也误以为是从卯、皀声的形声字，甲骨文作前四·二一·五，象两人对坐相向共食形，是个会意字。后来分化为卿、嚮、鄉三个字。

甲骨文中假借字最多，是商代文字中的主要因素。甲骨卜辞中假借字约在70%以上，使用频率更高。往往一片卜辞中，表形字只有几个，多数都用假借字。例如：

甲辰卜，水鼎（贞）：西土其㞢（有）降堇（馑）？二月。

《甲骨续存》下一五五

这片卜辞是占卜西土是否会遭饥馑的占辞。共十三个字，“甲辰”是商代纪日的天干地支名，照例要用假借字，“永”借为人名。“鼎”借为“贞”字。“西”本鸟栖巢字，假借为西方字。“其”假借为动词前缀。“㞢”假借为“有”，共用了七个假借字。还有“卜”、“土”、“降”、“二”、“月”五个表形字，没有形声字。又如：

戊午卜，□贞：王其田，㞷（往）来亡巛？

戊辰卜，狄贞：王其田，㞷（往）来亡𡿧？

壬午卜，狄贞：王其田，㞷（往）来亡𢦏？

《殷虚文字缀合》二四

这是占卜商王田猎有无灾害的卜辞，只有卜、王两个表形字，“㞷（往）”是个从止，王声的形声字，是“往”字初文，其余全是假借字。

用甲骨文同秦汉文字对比，秦汉以后许多形声字，甲骨文都用假借字。例如：

祖先的“祖”，甲骨文用假借字“且”。（“且”象切肉的俎形。）

“悔”字、“晦”字词意完全不同，悔为悔恨，晦为阴晦，甲骨文两词都假借“每”字，“每”象妇女头上加簪形。

“帚”字甲骨文象帚形，即今之扫帚，但常假借为“归”。

甲骨文常用一个字假借为几个词。如“㞢”假借为“有”；又假借为祭名“侑”；又通用为“又”；又假借为地名。

“正”是“征”字初文。甲骨文除用征伐义外，又假借为祭名；又假借为正月的正；又假借为地名。

“啚”字假借为边鄙的“鄙”；又假借为国名和人名。

“啬”假借为人名；又假借为地名；又假借为颜色的“色”。

“女”象妇女形，甲骨文除用为男女及母（父母）义外，又假借为“毋”，否定副词；又假借为“悔”；又假借为地名。

有时同一个词又借用几个同音字。如“隹”象鸟形，“叀”象纺塼形，都假借为语词“唯”。（古代典籍多作惟、维）。

有无的“有”，常借“㞢”字，又假用“又”。

总之，甲骨文字的假借字是当时文字的主体，这种特点是决定商代文字性质的主要因素。

前面已经说过，文字发展到假借字是一次飞跃，从此文字摆脱了只以表形为手段的原始阶段。用表音法可以挣脱表形法的束缚，把语言中所有的词语全部记录下来。试想想，如果把甲骨卜辞中的假借字完全除掉，只留下那些只占少数的表形字和罕见的形声字,怎么能把完整的词句记录下来?我在三十多年前的一篇文章里,说商代文字是以假借字为主的文字体系,商代文字是汉字的假借阶段的开始。这个看法已逐渐被承认。

总起来讲,商代文字的情况大致是这样:一是表形字保持了记事图画的笔法;二是大量使用假借字,成为商代文字的主体;三是有了形声字这种新生的造字法。另一方面,可以作出两条估价:第一,商代文字能够勉强记录当时的口语;第二,商代的文字体系还未定型,它既不是完整的表音文字体系,也还没有成为表音兼表形的文字体系。因而商代文字是一种尚未完全成熟的文字体系。

# 14

问：甲骨文字既然是以表音字为主体的文字，为什么没有发展成拼音文字？请您谈谈从甲骨文字体系发展到现代汉字体系的演变经过。

答：甲骨文字按文字发展的阶段来看，应属于表音文字的初期阶段。好几种古文字体系，如埃及古文字和苏美尔文字，都保留了许多表形字，也都有大批假借字，同商代汉字同属一个发展阶段。

后来埃及古文字（圣书字）演变成公元前三千年的僧侣字，又演变成公元前七、八世纪的俗体字。经过两千多年的演变，埃及文字逐渐变成了音节文字，完全摆脱了表形字体系。

在美索不达米亚居住的苏美尔人，公元前四千年创造了古老的表形文字苏美尔文字。到公元前三千年，逐渐失去图画式的字形，变成楔形线条，同时也变成纯表音的文字。

从假借字变成音节文字的经过，第一步是减少假借字的字数，逐渐用一个字符代表一个音节，第二步再把这些音节符号加以简化，这样就可以只用几百个音节符号，作为一种纯表音的文字体系。再把音节分解成表示音位的辅音和元音符号，成为几十个字母，变成字母文字。这是世界上绝大多数文字走过的道路。

但是汉字却走了完全不同的另一条道路。汉字中的假借字,不是向音节文字方向发展,而是逐渐变成形声字。形声字在商代文字体系中只是个萌芽,数目很少,但到春秋战国时代,却上升到大约占汉字总数的 40%左右,到秦汉时期,逐渐成为汉字体系的主体。与此相反,假借字的比重却逐渐下降。秦汉以后,常用字中的假借字只剩下两三百个。由于这种演变,汉字体系成为世界上独具特点的文字体系。下面举些例子说明这种变化的经过。

山麓的"麓",甲骨文多借用同音字"录"。"录"作 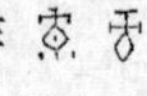,大概是辘轳的"辘"字的初文,是个象形字,上面是挂水桶的桔槔,下面象汲水器,水滴从汲水器上流下来。因为"录"和山麓的麓这个词同音,因而借用为"麓"。甲骨卜辞有"王田于鸡录"一句(怀 B 一九一五·五二·四六〇),意思是商王在鸡山的山麓打猎。这个"录"当读为"麓",甲骨文后期已有"麓"这个形声字(见甲七〇三),或写做禁,从林,录声。《说文》"麓"字下的解释,同甲骨文完全相合。

祸福的"祸",甲骨文多借用"冎"字,本是"骨"字的初文,象卜骨形。卜辞中常见"亡冎"连用,即是"无祸",意思是"没有灾祸"或"有没有灾祸"。战国时期的《中山王鼎》才见到"祸"这个形声字。

甲骨文没有"晦"字,因与"母"同音,便用"母"假借为晦。有一片甲骨记录天气转阴,有"宦母"两字,"母"当读为"晦","宦"也是个假借字,意为转变,可能是"换"或"转"的假借。《说文》"晦"字下说:"晦,月尽也。从日,每声。""晦"这个形声字到战国的《楚帛书》中才出现。

商代已经有了青铜器,炼铜以造器物的工艺叫做“铸”。甲骨文中没有“铸”字,有两种写法,一是表形字,写作(金五一一),象两手拿着冶炼好的坩锅铸盘器形,是个复杂的表形字;另一个是借用同音字“”(象田畴形,是“畴”字初文)。周代金文有了字,用“”作声符,形符还保持了甲骨文的原貌。《说文》才有了新形声字“铸”,从金,寿声。

当卜问讲的“贞”字,甲骨文都借用“鼎”字,象鼎形,金文才出现“鼎”字上加“卜”为形符的形声字(《散盘》)。《说文》的“贞”则是“鼎”的简化。许慎说:“贞,卜问也。从卜,贝以为贽,一曰鼎省声。”说“贝”是“鼎省声”是对的。

甲骨文的“春”字有几种写法:一是借“屯”为春,卜辞的“今屯”即“今春”(前四六·六);二是从林、屯声的形声字(佚四七三);三是从日、屯声的形声字(戬二二·二);四是从日、从艸、屯声的形声字(粹一一五一)。《说文》的春字从艸、从日、屯声,则是从甲骨文第四种写法变来的。

甲骨文的“祖”字一律借用“且”字,“且”是“俎”字初文,与“祖”同音。战国时期才有从示、且声的形声字“祖”。

甲骨文没有“风”字,一律假借“凤”字。《说文》方有“从虫、凡声”的“风”字。

甲骨文多用“㞢”假借为“有”,周代金文才出现从肉、又声的“有”(《召伯簋》)。这个字《说文》解为“从肉、又声”,但也有人认为是以手持肉表示富有的会意字。

甲骨文的“易”字多假借为“赐”。卜辞中的“易贝”即以贝赏赐给人。又假借为“暘”。“暘日”即阴天。《说文》说:“暘,日覆云暂见也。”相当于今天说的“阴间多云”。又假借为地名。又假借为变易的易。后来除了变易的易仍用假借字外，赐、晹都是形声字。

甲骨文中的“叀”、“隹”两字，常假借为发语词“唯”、“惟”。卜辞中已有“唯”字，周代金文中较通行。汉代以后再也不用“隹”、“叀”了。

甲骨文的“乍”字多假借为“作”，“王乍邑”（丙八六）即王作邑。又假借为“胙”，“乍太丁”（合集一四〇四）即胙太丁，是祭祀的意思。作、胙都是战国以后出现的形声字。“作”字见于《栾书缶》、《厲羌钟》。“胙”字始见于古印玺。

上面说的这些假借字，多数都变为以后的形声字。这是秦汉以后形声字的第一个来源，也是汉字发展为以形声字为主的特殊文字体系的一个重要标志。同埃及古文字、苏美尔文字比较起来，这个区别非常显著。这两种文字同甲骨文应该属于同一类型，发展水平都差不多。但是从发展趋势来看，则是全不相同的两条发展道路：埃及文字和苏美尔文字后来都发展成表音文字，而汉字则走向兼表形音的道路。假借字是一个关键，向表音方向发展，就变成音节文字或拼音文字；向形声字发展，就变成现在的汉字体系。甲骨文中的假借字，后来变成形声字的例子多不胜数，这里不再多举。

甲骨文中还有大批表形字，后来也变成形声字，这是后世形声字的第二个来源。下面也举些例子：

甲骨文的“闻”字是个会意字（前七·三一·二），象一个人耳有所闻意，是个会意字。长沙马王堆出土的《帛书老子》才用“闻”字，是个从耳、门声的新形声字。会意字的写法就不再用

了。

甲骨文的“雷”也是个会意字。作(合集一三四一九),象雷电相击而有雷声状。西周铜器《盠驹尊》才有了从“雨”、“畾”声的形声字。

甲骨文有个字作(存二,四七〇),是个会意字,象在高脚盘中洗足形,据研究当是“湔”字的初文。《广雅·释诂》解释说:“湔,洒也。”《广韵》也说:“湔,洗也。”《说文》也收了这个从水、前声的形声字。

甲骨文有个(前一,二四·三),从水从牛,象把牛沉入水中形,这就是后来写作从水、冘声的“沈”字。《周礼·大宗伯》有一句话说:“以貍沈山林川泽。”这个字也写作“湛”。《说文》说:“湛,没也。从水,甚声。”现在仍作“沈”。古人把牛沉入水中以祭川泽,是一种祭札,甲骨文的写法正象牛沉入水中形。

“貍”字甲骨文作(粹三八),象埋牛、豕于坎中形,是用以祭祀山林的仪式。《说文》作“薶”,释为“瘗也,从艸,貍声”,变成形声字。《周礼》的“貍”则是假借字。

园囿的“囿”,甲骨文作(京都三一四六)(前四·一二·三)象内有树木形,《秦公簋》始见形声字“囿”,为《说文》所本。

甲骨文的“沬”字原作(宁二·五二),象以手就器中洗面形。《说文》说:“沬,洒面也。从水,未声。古文沬从页。”“沬”正是这个字的后起形声字;古文的写法则是从甲骨文变来。

甲骨文“狩”、“獸”本是一个字,作(铁一〇·三),从干从犬,干是狩猎器,犬善逐兽,因用以会狩猎野兽意。狩猎所得

是同一词义的引申。后分化为两个字,《说文》:“狩,畋也。从犬,守声。”是个形声字;“獸”字从兽从犬,“兽”是“干”字的繁化,仍是表意字。

甲骨文有“靁”、“霖”两字,“靁”象大雨落下形,是个表形字;“霖”字从雨,林声,是形声字。《说文》分为两字,“霖”表久雨义,“靁”表零雨义。

甲骨文“西”象鸟巢形,当是“栖”字初文。《说文》:“西,鸟在巢上也。棲,西或从木、妻。”从木、妻声的“棲”(或栖)是后起形声字。

甲骨文的“拯”或“抍”原作(铁一七一·三),象用两手把人从坎中救出形。《说文》:“抍,上举也,从手,升声。”徐铉说:“今俗别作拯。”现在通用“拯”字。

甲骨文的“拖”字作(前六·五一·四),从又从它,象以手拖蛇形。当是“拖”字初文,《说文》字作“拕”:“拕,曳也。从手,它声。”解为形声字。

甲骨文的“自”本象鼻形,是“鼻”字初文。《说文》也说:“自,鼻也,象鼻形。”又在“鼻”字下说:“鼻,引气自畀也。从自、畀。”其实,应该说是“从自,畀声”,是个形声字。

甲骨文“钺”字的初文为“戉”,象兵器形。先秦古籍多用“钺”这个形声字。

甲骨文的“齿”字作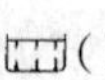(乙七三五五),象口中齿形。战国时《中山王壶》等器和楚简才有从“止”声的“齿”字。

甲骨文的“龋”字初文作(邺三·三五·二),从齿从它,会齿被虫蠹意,以后变为形声字“鴉”。《说文》:“鴉,齿蠹也。从牙,禹声,或从齿。”

甲骨文“讯”字初文作(乙七八七三),象一人两手反缚,前有一口,以会执敌人而加以讯问义。以后变为形声字“讯”。《说文》:“讯,问也。从言,卂声。”

甲骨文“搜”字初文作,从又(手)持火炬在屋内搜索形。《说文》:“搜,众意也。又求也。从手,叟声。”当是加形形声字。

甲骨文的“反”字作(前二·四·一),从又从厂,象以手攀山崖形,当是攀登的“攀”字初文。《说文》“攀”字为“𠬜”字重文。“攀”为形声字。

甲骨文“專”字作(京二二四三),从叀从又,象以手持纺砖形。古时用纺砖纺线,线缠砖上,以手旋转,线就合成一股。当是“砖”或“转”的初文。《说文》:“專,六寸簿也。一曰,纺專。”纺砖当是“專”的本义。由此而制的“砖”、“转”两个字,则是后起的形声字。

甲骨文的“甫”字作(前四·四·二),象田中有草木形,当是“圃”字初文。《说文》:“圃,种菜曰圃。从囗甫声。”则是后起形声字。

甲骨文“箙”字初文作(戬四四·一三),象盛矢器中贮矢形。《说文》:“箙,弩矢箙也。从竹,服声。”当是此字的后起形声字。

甲骨文的“鄉”字作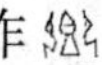(合集三四四四七),象两人对坐就食形。这个字后来分化成“饗”、“嚮”两个形声字。

甲骨文“暈”字的初文作(前四·八·五),象日之四周有暈气形。《说文》:“暈,日月气也。从日,军声。”

甲骨文的“宝”字作（后下一八三），从室内有贝、玉，是个会意字。周代《颂鼎》、《毛公鼎》的“宝”字加“缶”声，成为形声字。《说文》：“寳，珍也。从宀从玉从贝，缶声。”

甲骨文“监”字作（佚九三二），从皿从见，象人俯首于盛水器上以照面容形，当是“鑑”字初文。上古没有用铜做的“鑑”（镜子），就用盘盛了水当镜子用。《周书·酒诰》说：“人无于水鑑，当于民鑑。”可见当时是用器中盛水当鑑的。《说文》把“监”字解释为“从卧、䘓省声”是讲错了，把表形字误释为形声字。但后起的“鑑”字则的确是个加形符而成的形声字。

甲骨文“虹”字的初文写做（合集一〇四〇五），有一片卜辞说：“亦有出虹自北领于河。”（菁四）“虹”字就这么写，是个象形字。古人认为虹就是天上的龙，龙到河里饮水，横悬天空，所以画成两个头的龙形，后来才造了形声字“虹”。《说文》：“虹，䗖蝀也，状似虫。从虫，工声。”

甲骨文“蚕”字本象蚕形，是个象形字，后来又创制了“蠶”。《说文》：“蠶，任丝也。从䖵，朁声。”到唐宋时又出现了从天从虫的会意字“蚕”。这是因为“蠶”字笔画过多，所以用简化的新表形字“蚕”替换了，不过这类从形声字又变成表形字的例子不多。

甲骨文“刖”字的初文或作（乙二七三〇），象一人一足长一足短，旁边有一把锯子，表示用锯子锯掉一条腿，当是古代的刖刑，这个字就是“刖”字的初文。《说文》：“刖，绝也。从刀，月声。”当是“刖”的引申义。《玉篇》说：“刖，断足也。”《左传》中记载的刖刑，都同甲骨文的本义相同。

甲骨文“灾”字从宀从火，是个会意字。房子失火，当然是很严重的灾害,《说文》变为“烖”、“災”两个形声字。

甲骨文在“豕”这个象形字上加上雄性生殖器表示公猪,作(合三五三),当是“豭”字初文。《说文》:“豭,牡豕也。从豕,叚声。”

甲骨文、小篆的“亦”字是“腋”字的初文,人臂下两点表示两腋,“腋”则是后起形声字,始见《玉篇》。

这类表形字演变为形声字的例子很多。这又是一条通向形声字的大道,这条大道和假借字演变为形声字这条大道相合,就形成了战国以后以形声字为主的汉字体系。

甲骨文文字体系之所以没有向拼音文字方向演变,有许多因素。有外因,也有内因,要研究这个问题,得有另外的材料和证据,这里暂且不说,上面说的只是事实。事实上,汉字向形声字发展是个主要趋势。甲骨文中的表形字和假借字是商代文字体系的两个主要组成部分,后来这两类文字的大部分(不是全部)都逐渐变成形声字,因而战国文字的组成就从本质上发生了变化,形声字逐渐成为汉字的主体;表形字和假借字都退居次要地位。

这就是甲骨文演变为秦汉以后现代汉字的轮廓。

# 15

问：听了您上面的分析，对于汉字发展成以形声字为主的汉字体系这个发展道路，有了个概括的了解。记得您过去曾把汉字的发展划分为三个阶段，以秦始皇"书同文字"当做假借阶段的结束和形声字阶段的开始。那么，秦国文字同当时的六国文字是否有本质的不同？秦始皇、李斯的书同文字的实质又是什么？

答：关于秦始皇的"书同文字"，最早的记载见于《史记·秦始皇本纪》。秦灭六国以后，为了适应统一以后政治、经济、文化的需要，进行了各个方面的统一工作，"一法度衡石丈尺；车同轨；书同文字"。"一法度衡石丈尺"是度量衡的统一，"车同轨"是道路规范的统一，"书同文字"是文字规范的统一。文字的规范化是为了全国有一个规范化的统一书面交际工具。这样既便于朝廷命令的下达，又便于朝廷阅读各地上报的文书。秦始皇做了皇帝以后，"天下之事无小大皆决于上，上至以衡石量书，日夜有呈，不中呈，不得休息"。"以衡石量书"就是用秤来称文书。一石是一百二十斤。那时的文书都是用竹片做的简，一百多斤竹简，数量相当大，每天要看完规定的数量（"呈"即"程"，量）。如果从各地上报的文书，文字不规范，那是不行的。

许慎在《说文解字叙》中说得较为详细：

…七国田畴异晦，车涂异轨，律令异法，衣冠异制，言语异声，文字异形，秦始皇帝初兼天下，丞相李斯乃奏同之，罢其不与秦文合者。斯作《仓颉篇》，中车府令赵高作《爰历篇》，太史令胡毋敬作《博学篇》；皆取《史籀》大篆，或颇省改，所谓小篆者也。

这一段话写得非常简要，把战国文字的情况，李斯书同文字的具体做法以及秦朝规范化文字的内容，都做了明确的阐述。从现在所能见到的战国文字和商周文字材料看，许慎的阐述是正确的。不过因为这段话说得太简单，有些人因未加深思而产生了误解，以至出现了一些不正确的说法。我们先从正面论证许慎的论述，然后对一些错误说法加以澄清。

先谈谈七国文字异形问题。

商周古文字发展到春秋战国时期，一方面保持了汉字的基本特点。大多数表形字没有本质的变化，只是笔画渐趋简化，一部分假借字仍保持不变，但新造了大批形声字。六国文字因方言不同和习惯用法不同而出现了许多异体字，有些假借字的保留和变为形声字的步调也不一致。这就形成了七国文字异形的现象。所以文字异形并不是所有的文字都不同，只是一部分字不同而已。在这些“异形”的字中，大多数属于异体字的范围。所以，秦朝的书同文字政策，可以看作是一次异体字整理运动。下面我们试举些例子，说明秦文字和六国文字的差异。

(1) 盈、绖、赢

“盈”字最早见于秦系文字《石鼓文·霝雨》“盈湈济济”。

《说文》说:“盈,满器也。”《睡虎地秦简·效律》:“不盈十六两到八两。”即不满十六两。《史记·范蔡列传》:“进退盈缩,与时变化。”至今这个“盈”字仍活在恶贯满盈、热泪盈眶这些成语中。

但楚系文字《楚帛书》有“⿰纟呈”字:“月则⿰纟呈绌。”“⿰纟呈绌”即《史记》的“盈缩”。“⿰纟呈”当是“盈”字的异体。《荀子·非相篇》又作“嬴绌”;班固《幽通赋》作“嬴缩”;“嬴”当是“盈”的假借字。《史记·天官书》“岁星赢缩”,“赢”当是“盈”的通用字。秦代用“盈”的规范,罢去不与秦文合的“⿰纟呈”、“嬴”、“赢”。司马迁、班固等人仍用这些字,则是先秦用法的残留。

(2) 寺、旹、时

甲骨文“时”字初文作旹(甲三〇),战国《中山王壶》也作旹。《说文》“时”字下古文也作“旹”。

但战国文字或借“寺”代“时”。如《楚帛书》:“是隹四寺”(甲四·一一)、“寺雨进退”(乙八·三)都借“寺”为“时”。

秦系文字《石鼓文·车工》“即邀即时”,始见“时”字,但这个“时”当是“塒”的借字(见郭沫若《石鼓文研究》页61)。《睡虎地秦简·徭律》“至秋毋(无)雨时而以繇(徭)为之”(187简),才用为四时的时。秦文用“时”字,罢去“旹”,废去“寺”(时)。

(3) 戮、⿰歹翏、⿰歹翏

“戮”字始见于秦系文字《诅楚文》。《说文》:“戮,杀也。从戈,翏声。”《楚帛书》“⿰歹翏不义”(丙一一·四),“戮”字作“⿰歹翏”,信阳楚简又作“⿰翏非”,《中山王鼎》作“⿰歹睘”,都是“戮”字的异体。“戮”字定而其他几个异体字都废除了。现在先秦典籍和秦汉以后都只用“戮”字。

(4) 國、或、䤰

"國"字殷周金文多作"或",《说文》说:"或,邦也,从口从戈以守一,一、地也。"《录卣》作"國"。秦系文字都作"國"。《楚帛书》作"戜","东戜"、"西戜"即东國西國。"戜"和"國"形符不同,当是一组异体字。以后秦文字"國"成为规范字,"戜"字和初文"或"(國)都废除。("或"用为代词。)

(5) 型、𡊨、㽞

金器铭文的"刑"字从刀、井声,"型"字从土、刑声,秦系文字"刑"、"型"的写法相同,《说文》与秦系文字同,但《楚帛书》"𡊨百事"(丙一一·三)"型"字从"刃"。信阳楚简"刑"字也从"刃",楚器《编镜铭》的"型"字作"㽞",江陵楚简同。秦以后,从刃的"𠛬"、"𡊨"、"㽞"等字都废除了。

(6) 侵、䂪、𤚼

甲骨文侵伐的"侵"字作"𤚼",卜辞"土方𤚼我田"(菁三),即土邦侵我田。

《楚帛书》的"侵"作"䂪","㠯利䂪伐"(丙一一·二),即以利侵伐。侵伐字从戈,从造字原则上说是很有道理的。

"侵"字最早见于《钟伯侵鼎》,《说文》的小篆同,帛书《老子》也作"侵"。"侵"字行,䂪、𤚼两个异体字便被淘汰。

(7) 城、㙼、𩫏

"城"字《楚帛书》作"㙼"。"可以攻㙼"(丙一一·二),即可以攻城。战国文字又多借"成"字。《睡虎地秦简》作"城"。《说文》:"城,以盛民也。从土从成,成亦声。"这个字《班簋》还写做𩫏,从𩫏,成声。秦以后,"城"字取代了这些异体字。

(8) 地、埅、隆

"地"字《楚帛书》作"埅"。"天埅作羕"(乙二、六)的"天埅"

即“天地”。江陵楚简同。晋国文字《侯马盟书》作“”。秦系文字《睡虎地秦简》、《琅玡刻石》都作“地”。《说文》“地”字重文“墬”，当是六国文字的讹变。“地”字行而其他异体废除。

(9) 春、旾、𦚔、吨、萅、

“春”字的异体很多，甲骨文作（粹一一五一），又作（戬二二·二），从日、从中、从屯，或从日从屯，屯又是声符。春日草木在日光照射下发出芽来，是个会意字。《楚帛书》作“旾”，当是从甲骨文“吨”字演变而成，《睡虎地秦简》作，当是楷书“春”字的来源。《说文》的“萅”字也是从商周文字演变而成的。“春”字定为规范字后，其他写法都被淘汰。

(10) 夏、𩒨、𩓦

“夏”字秦系文字《秦公簋》、《睡虎地秦简》都作“夏”，与《说文》“夏”字小篆同。本是华夏的夏字，又假借为春夏秋冬的夏。

齐鲁文字《齐叔夷鎛》的“夏”字从足、从頁（𩒨），当是“夏”字的讹变，《楚帛书》作“𩓦”，则变成从日、夏声的形声字，与殷周古文、秦系文字都不同。《三体石经》“夏”字古文作“昰”。秦朝“书同文字”后，这些异体字都已废除。

(11) 秋、旿、炑、𪚼

“秋”字甲骨文作（甲三三五三），象蝗类昆虫形，卜辞多假借为春秋的秋，甲骨文又有从龜从火的“龝”字，也借为春秋字。

《楚帛书》的“秋”字作“旿”，从日从禾，秋天在太阳照射下禾稼成熟了，是个表秋季的会意字。

《睡虎地秦简》作“秋”。“秋”字从禾从火。《说文》“秋”字下籀文作“龝”，保留了《史籀篇》的写法。从禾、龜声。“秋”字则是“龝”的简化。秦文字规定了“秋”字，废除了其余的异体字和假借字。

(12) 冬、昋

“冬”字甲骨文作 (续五·三·三)，是“终”字的初文，象丝绳两端结束形，以表终结义。《楚帛书》作“昋，从日、冬声，是个形声兼会意字。《睡虎地秦简》作“冬”，就是《说文》加仌形的“冬”。“冬”和“昋”是秦楚两地的一组异体字。“冬”字行而“昋”字废。从春夏秋冬四个字来看，楚国文字都加“日”形，这是楚系文字的一个特点。

(13) 论、谓、诸……

战国文字的一个特点是形声字逐渐增加。商周文字中的有些假借字，到战国时期变成形声字。这是战国七国文字的共同特点。但是各地文字发展的步调不一致，拿秦国文字同六国文字比较，秦国文字在这方面的演变要快一些。有些字六国文字仍在使用假借字，秦文字已变成形声字。例如，“论”、“谓”、“诸”等字就是如此。

从地下发掘的材料看，六国文字的“论”都写作“仑”；“谓”都借用“胃”；“诸”都借用“者”。但秦系文字《石鼓文》已出现了从言胃声的“谓”字；《睡虎地秦简》普遍使用“论”、“谓”、“诸”等字。这些使用率很高的常用字，在减少文字符号的歧义方面，作用很大。这类形声字定为规范后，早期的假借字“仑”、“胃”、“者”(借用为论、谓、诸)便都废除了。

(14) 也、殹

李斯等人在制定文字规范时，当然是用秦文字作标准，从前面所举例字中就可以看出来，许慎所说的“罢其不与秦文合者”，是当时统一文字的一项重要原则。

但是也有个别字是废弃了秦文字的传统写法改从六国文字的。“也”字就是这样。《睡虎地秦简》中所有的虚词“也”都写作“殹”，但《泰山刻石》等秦刻石及秦诏版都作“也”，显然是接受了战国时期六国文字的通行写法。

上面这些例子，可以大致看出战国文字的“异形”情况和李斯等人“书同文字”、“罢其不与秦文合者”的统一文字政策的实质。

有两种关于这个问题的论点需要加以澄清。

一种论点认为，秦朝的“书同文字”，是用小篆取代古文、大篆。把“书同文字”看做是书体的改变。这是一种肤浅错误的说法。这种论点是由于误读《说文叙》引起的。许慎说：“斯作《仓颉篇》……皆取《史籀》大篆，或颇省改，所谓小篆者也。”《汉书·艺文志》也说，《仓颉篇》等书“文字多取诸《史籀篇》，而篆体复颇异，所谓秦篆者也”。许慎和班固的说法相同，都是说的秦文字和《史籀篇》的关系。《史籀篇》是最早的一部字书，这部书相传是周宣王时所作（公元前八世纪），共十五篇，到汉光武帝时亡佚六篇。许慎还看到了其余九篇，他著《说文》时曾经用秦文字同《史籀篇》作了比较，因而得出上面的结论。他所称的“小篆”，同班固所称的“秦篆”都是指当时的秦文字而言，不是指字体说的。如果这里的“小篆”只是指书体而言，那就同下文“秦书有八体”的论述发生矛盾了。“自尔秦书有八体：一曰大篆，二曰小篆，三曰刻符，四曰虫书，五曰摹印，六曰署书，七曰殳书，八曰隶书。”这里的八体，才是指的书体。

从书体来看，小篆和战国以前的文字，很难划一个明显的界限。小篆和隶书也是如此。《睡虎地秦简》的字体已经是隶书多于篆体的笔法了。《楚帛书》的字体也在篆书和隶书之间，有些人称为“古隶”。可见许慎说的“所谓小篆者也”的“小篆”，只是“秦篆”和秦文字的同义语。

这里还要讨论一下所谓“东土文字”、“西土文字”说。这是王国维的论点。王氏在《史籀篇叙录》一书中提出，秦国文字属于周秦间的西土文字；六国文字和孔子壁中书的古文为东土文字。秦朝统一文字，是用西土文字取代东土文字。

这个论点也不可从。第一，说《史籀篇》是秦人所作，属于西土文字，没有令人信服的证据。第二，从出土的春秋战国文字来看，楚国文字、晋国文字、中山国文字，都有相互差异的地方；楚秦文字的差异不比楚、晋文字，楚、中山文字的差异更大。所谓东土文字并不存在。

用现在文字学的观点，从现在所能见到的文献资料和地下发掘的春秋战国文字材料来看，许慎关于李斯“书同文字”这个问题的论述，基本上是正确的。我在上面举出的一些例字，不过是举出一些实例，使这个问题更加具体化而已。许慎当时掌握的材料比我们多，《史籀篇》残存的九章那时还在，李斯等人的《仓颉》、《爰历》、《博学》三部字书——秦统一文字的全部规范化字汇——也在。孔子壁中的古文——用战国文字写的典籍，他也见得到。这些材料我们今天多数都看不到了，只有极少数残篇还可推测出原书的面貌。不过我们看到了商代的甲骨文，金器铭文也发掘的比较多，这些许慎没有见到。但总的说比我们掌握的材料多。从治学方法上说，许慎在那一大堆包括古今四海的汉字字汇中整理出《说文解字》这样一部具有世界意义的汉字字典，可以说明他实在是一千八百年前一位空前的文字学家，他所应用的比较文字学方法，至今还值得我们学习、总结。

一个科学家的成就不外掌握资料和治学方法这两方面。据我看来，关于秦始皇“书同文字”的实质和做法，许慎大体上是讲清楚了的。不过他讲得不够具体，简略了些。至于说到这次统一文字的主体是整理七国文字的异体字，这是我的看法。

# 16

问：有几个术语很不容易区分。古文、籀文、大篆，是不是三种不同的字体？如果是，《说文解字叙》所说的李斯等人的《仓颉篇》等三部字书，"皆取史籀大篆"，为什么不说"皆取史籀籀文"？如果说籀文不是字体名，为什么《说文》有二百二十余字注明"籀文"的写法？第二个问题：《说文叙》中所说"秦书八体"，有大篆、小篆，而无古文；而王莽时的"六书"，则是"一曰古文"、"二曰奇字"、"三日篆书"……却又有了"古文"；这"古文"和大篆又是什么关系？

答：要解释这些术语，必须知道这些术语产生的时代背景。有时两个术语实质上是指同一事物；有时术语会被人误解。我们今天对这些术语，要根据现在关于这方面的研究成果和科学水平加以审订。

从汉字发展的情况来看，古今汉字可以按照文字线条的不同，区分为古文字和现代汉字两大类。小篆以前的文字都是古文字。隶书、楷书都是今文字。大体上说，古文字的线条比较接近于绘画，笔画"随体诘诎"，圆转无定。隶书以后，则变成横、竖、折、点、撇、捺等固定笔画组成的文字符号。

古文字包括商周的甲骨文、金文，春秋战国文字，秦小篆。这是现代文字学家用的一套术语。

汉代人所说的“古文”,却另有特定的涵义。

汉代经学家分为两派,西汉经学以今文经为主,经学博士都是今文经学博士,“今文”就是用汉代通行的文字写出的儒家经典。因为先秦的儒家经典被秦始皇焚烧了,后来在翻修孔子旧居的时候,才发现了用古文写的经书。《说文叙》说的,“鲁恭王坏孔子宅,而得《礼记》、《尚书》、《春秋》、《论语》、《孝经》。又北平侯张仓献《春秋左氏传》,郡国亦往往于山川得鼎彝,其铭即前代之古文。”这就是古文经,用春秋战国文字写的经书。可知许慎说的“古文”,是指秦以前的文字而言。“古文”包括了字体,但不仅仅是字体,主要的是用字的不同。例如,古文经多用假借字,今文经则大部分假借字变成形声字。有些形声字也常有繁简的不同。《说文》中有五百多个以“古文”为重文的字,可以看出古文与秦汉通用文字的不同。

从字体的角度分析,古文包括了大篆和小篆。甲骨文、金文属于大篆体,战国文字都属于小篆。但大篆、小篆的界限很难划分,两个极端容易分辨,例如甲骨文和西周早期金文,有些字很明显是从绘画变来的,这当然是大篆。秦代的小篆,把每个字都写得很匀称,笔画圆通,跟大篆不一样。但东周以后的文字逐渐向小篆发展,就很难划出明确的界限。

至于所谓“籀文”,那是另外一回事。“籀文”并不是字体的名称,而是“《史籀篇》中文字”的简称。《史籀篇》在许慎时还有九章,他用这九章的文字同秦汉文字比较,二者不同的就在重文中注明为“籀文”,共二百二十余字。意思是说,这些字《史籀篇》写作“×”,现在通行的小篆作“×”。例如:

祺 《说文》:“祺,吉也。从示,其声。禥,籀文从基。”

蓬　《说文》:“蓬,蒿也。从艸,逢声。莑,籀文蓬省。”

糂　《说文》:“糂,以米和羹也。一曰粒也。从米,甚声。糣,籀文糂从朁。”

祺、禥、蓬,莑、糂、糣,是三组异体字;这三组异体字都是形声字;差别是声符的不同,字体上并没有大的差别。所以“籀文”并不是一种字体。《史籀篇》的文字应该属于大篆这种字体。《说文叙》说,李斯等人的《仓颉篇》等书,“皆取《史籀》大篆,或颇省改。”可见《史籀篇》的字都收在《仓颉篇》等书中,后人误以为“籀文”是一种字体,把它排列在古文与大篆之间,实在是一种错误。

# 17

问：您前面谈到，秦始皇的文字整理以整理六国文字的异体字为主；这是个新说法。请您谈谈有关异体字的问题。汉字为什么会有这么多异体字？

答：异体字的确是汉字字汇中的一个重要问题。为什么重要？因为一是数量大；二是在汉字发展的三千多年里，异体字一直不断产生。

汉字中究竟有多少异体字？现在通行的大型字典，《康熙字典》、《中华大字典》，以及新出版的《汉语大字典》，从四万七千多字到将及六万字，但是据最近用大量书刊用字统计，“现代通用汉字”大约只有7000个，常用字只有四千多，其余的四五万字，包括两大类：一类是因时代变化而被废除的“死字”和生僻字；一类就是异体字，还有一些是“同源孳生字”。我估计，在六万左右的汉字字库中，至少有三万多异体字。这还不是汉字异体字的总数，实际上异体字比这还要多。我曾参加过《汉语大字典》的异体字整理工作，对这方面的情况知道一些。当时搜集的汉字，有很多并没有收入大字典。例如，从民间文艺抄本或刻本中见到的“怪字”，各地方言中出现的“怪字”，绝大多数都是异体字。这些字都不见于过去的字书、韵书，基本上没有收。唐兰先生曾说过，汉字的总数应该是五六万的几倍乃至十几倍。这个说法当然是一种推测。这些未曾进入字书的字，绝大多数是异体字。

甲骨文、金文都已经有了异体字。

甲骨文的“虎”、“马”、“鸟”、“鹿”、“车”、“豕”等象形字，有的画得很仔细，笔画多；有的很简略，几画就勾画出一种物形的特点。一个字有七八种、四五种不同的写法，这是最早的异体字。

还有一种异体字，例如“鳳”字，有的只画一个美丽的鳳鸟形（类似孔雀）；有的又加注声符“凡”。这是甲骨文的另一类异体字。

还有一种异体字，如虚词“又”，既用“又”，又用“㞢”。这两个都是假借字，通用于同一个虚词。过去叫做通用字，其实也就是异体字。

甲骨文的巛、灾、戋都是“灾”字的异体。

甲骨文、金文中的异体字大致都是这种情况。

汉代以后直至近代的异体字，凡是应用稍广的字，都保留在历代的字书里。

首先看看《说文》中的异体字。

《说文解字》创稿于汉和帝永元十二年（公元 100 年）。这是中国最早的一部真正的大型汉语字典。这部书共收了一千一百多个异体字（重文）。他用当时通行的文字同地下发掘的古文字作比较，同古代的字书《史籀篇》、《仓颉篇》比较，也收录了汉代通行的一部分材料，列举出一些异体字。例如：

山部：“嶽……从山，狱声。古文象高形。”——嶽、是两个异体字。“嶽”是秦汉通行的字，“”是古文的写

法。甲骨文“嶽”字作（屯南七五〇），当是其来源。

鬼部：“鬽，老精物也。魅，或从未声。𩲡古文，𩳐籀文从彖首，从尾省声。”——列举了四个异体字，“鬽”是正体；“魅”是当时通行的异体；“𩲡”是古文；“𩳐”是籀文。

髟部：“鬣，髮鬣鬣也。从髟，巤声。𣰽，鬣或从毛。𧳜，或从豕。”——鬣、𣰽、𧳜三个形声字，是形符不同的一组异体字。

这类异体字是许慎说明了的，总数一千多个。据我们考查，有的异体字许慎却误认为两个字。例如：

歱、徸、踵　《说文》：“歱，跟也。”“徸，相迹也。”“踵，追也。”分为三个字，其实当是一组异体。三个字声符相同，读音相同，只是形符稍异。但从足、从彳、从止的字往往同义，因而常出现异体字。刘熙《释名》：“足後曰跟，或曰踵。”这是把“歱”字看做“踵”的异体，玄应《一切经音义》“旋踵”条注说：“踵，或从止作歱。”唐宋以后，就只用“踵”字。“歱”、“徸”两字都被淘汰。

启、啓　《说文》：“启，开也。”又：“啓，教也。”甲骨文“启”、“啓”、“啟”是一个字，都是开启的意思。“啓”字的“教也”义只是启字的引伸义。

厽、垒、壘　《说文》：“厽，絫坺土为墙壁。”又：“垒，絫墼也。”又：“壘，军壁也。”——三字当是一组异体字。唐宋后“壘”字代替了“厽”、“垒”二字。

旻、旬、眴、瞚、瞬　《说文》：“旻，举目使人也。从攴从目。”是个会意字。又：“旬，目摇也。从目，匀省声。眴，旬或从旬。”《史记·项羽本纪》：“梁眴籍曰：‘可行矣！’于是籍遂拔剑斩守头。”这个“眴”当即是“旬”字，“眴籍”即用眼色指使项籍，目摇也，即眼睛开阖。又“瞚”字下说：“瞚，开阖目数摇也。”这个“瞚”，《庄子》作“瞬”。这几个字读音相同。当是一组异体字，用眼色使人，就是用眼神使人；向对方挤挤眼，对方便可心领神会，这便是“眴”或“旬”的一个义项，使个眼色，闭闭眼，是短时间的事，因而引伸出一瞬间、转瞬这个义项，人站在高而危险处，往往会怕得闭了眼睛又张开，因而又有“开阖目数摇”这样的用法。可见这几个字是一组异体字。

俌、酺、辅 《说文》：“俌，辅也。”又：“酺，颊也。”又：“辅，人颊车也。”“辅”是车子上装在车帮两边的木板，可以增加车子的装载，人的面颊分列面部两旁，所以也叫辅。

俆、徐 《说文》：“俆，缓也。从人，余声。”又：“徐，安行也。从彳，余声。”两字音义相同，只是形符稍异。

𡭴、隙 《说文》：“𡭴，际见之白也。从白上下小见。”又：“隙，壁际孔也。从𨸏，从𡭴，𡭴亦声。”这个字金文只作𡭴，象光线从壁孔中射入，光线放射形，是个会意字。后来又加上形符“𨸏”，成为形声字。这类异体字很多。

刖、跀、䟾 《说文》：“刖，绝也。从刀，月声。”又：“跀，断足也。䟾，跀或从兀。”刖足是商周时期就有了的一种酷刑，甲骨文已有“刖”字，跀、䟾两字是异体。

坡、陂 《说文》：“坡，阪也。从土，皮声。”又：“陂，阪也。从𨸏，皮声。”两字音义全相同，从土和从𨸏的字往往同义，当是异体字。

障、墇 《说文》：“障，隔也。从𨸏，章声。”又：“墇，擁也。从土,章声。”摊是壅塞,和“隔”义相近。古代典籍多用“障”字。《玉篇》说:“墇,隔塞也,壅也,防也。”合隔、壅义为一,是两个异体字。

这些字许慎都分列成两个字,如果按照异体字的标准加以整理,可以大大增加《说文》异体字的数量。

《说文》中的异体字,多数可以从殷周古文和战国文字的异体字中找到根源。这些材料可以说明古文字中的异体情况。

汉代以后汉字字体变成以楷书为主,在从小篆变隶书又变为楷书的过程中,因笔画变化而形成的异体字,数量更大,新造的形声字中也有一大批异体字,这就造成了文字使用中的混乱。到了唐代,就出现了正字法一类的著作。

唐代的正字著作,颜元孙的《干禄字书》,张参的《五经文字》,唐玄度的《新加九经字样》等书都流传至今。从这些著作中,可以看到唐代通用文字中的异体字情况。后两部书是专门纠正经书中文字的,《干禄字书》则是当时通行文字的记录和规范。为什么书名叫做“干禄”呢? 干禄就是做官拿俸禄。当时做官要考试,考试时写字要规范,不能乱用不规范的异体字。这部书共收录了1599个字,每个字包括俗体、通体和正体三种异体字。如:

闌、夾——上通下正
夏、夏——上俗下正
断、断、斷——上俗中通下正
百、有、旨——上俗中通下正
徔、従、從——上中通下正

虫、蟲——上俗下正

盃、杯——上通下正

歌、謌——竝正多用上字

球、璆——竝正

宄、究——上奸宄字下究竟字

俯、俛——竝俯仰字，俗以俛音免，非也，然作上字为胜

版、板——上通下正，下亦板荡字

勾、句，数、數——竝上俗下正

㝌、害，帯、帶——竝上俗下正

万、萬——竝正

㕥、刍、召——上俗中通下正

廟、庿——竝正

状、狀，壮、壯——竝上通下正

㝎、定——上通下正

籴、糴——上俗下正

悪、惡——上俗下正

书中所说的“正”即正体，在文章、对策、碑碣和考试时应使用正体；“通”用字可以在表奏、书牍、判状中使用；所谓“俗”体，则在一般交际中使用，如籍帐、文案、契约、药方等。从每个字下列举的异体字来看，最多的不过三个；可见没有采用的异体字一定很多，那些未被采录的字，连“俗”字的资格也没有。

书中列出的正体字，一般都同《说文》、《字林》的写法相近，“俗”体字和“通”用字，大都是楷书定型以后的变化，有些是楷书的简化字。例如：“勾”和“句”，“夏”和“夏”，“帯”和“戬”等，都是因篆书楷化而产生的笔画差异。“召”简化为

“吕”,“定”简化为“它”,“惡”简化为“恶”,“狀”简化为“状”,“壯”简化为“壮”,则是楷书简化的典型情况。至于“籴”(糴)、“粜”(糶)两个字,则是省略声符的“俗”字,颜氏也采用了。(这两个字《广韵》仍称为“俗字”。)可以看出,在唐代通行的汉字中,这类简化字通行的范围很广,所以颜氏不能不给以一定的地位。

我们再从另外的角度看看异体字的繁衍和趋于规范的情况。下面且看“炒”字演化的历史。

炒菜的“炒”字现在只有这一个写法,似乎没有别的异体字。其实不然,“炒”字本来有很多不同的写法。《说文》本作“𩱳”,从䰜,芻声,以后字书陆续出现了一大批异体字:《方言》有“𩰲”、“焣”两字;《玉篇》又多出“𤏁”、“炒”两字;《广韵》多“煼”字;《集韵》多出“𩱥”、“𤐫”、“𤆎”几个字;《龙龛手鉴》又多出“𪐆”、“𩰿”两字;还有另外一些讹字,古今字书上这个“炒”字的异体字就有三十多个。至于这个“炒”字,最早用例见于北魏贾思勰的名著《齐民要术》一书,到隋唐时“炒”字已经取代了其余的异体字。

像“炒”字这类字的异体演变历史,可以举出几百几千。

看上面列举的一些现象,我们再回头来探讨一下,给异体字下个定义;再回答最后一个问题:为什么汉字有这么多异体字?

文字是记录语言的符号,这是一切文字的共性。语言的最小单位是词,一个词用一个符号或一组符号写出来,那就不会有词和字(符号)之间的矛盾。拼音文字在这方面有优越性,一个词读什么音,就用几个字母把这个词记录下来,不会产生异体字。例如,英语的 tiger(老虎)读做 [taigə],口语和文字读音一致,没有别的写法。但汉字的“虎”却不同。这个文字符号是记录口语中老虎这个词的。但不是记录这个词的读音,而是画出老虎的形状。用画画儿的办法做符号跟用固定的标音字母做文字符号大不相同,很容易产生异体字。所谓异体字,就是记录同一个词的两个以上的文字符号。汉字之所以有那么多异体字,原因就在这里。

其实,表音文字的初期也有异体字,假借字是最早的表音字,殷周时期的假借字,往往用几个同音字表示同一个词;这就是表音文字的异体字。反之,用同一个文字假借为好几个同音词的现象也很多,这就形成了表音的混乱。有两条路子解决这个矛盾。一条路子是继续向表音方向发展,假借字逐渐合并、简化,最后成为一个音节或一个音位只用一个符号的字母文字。另一条道路,逐渐减少假借字,把大量假借字改造成兼表形音的形声字。汉字走了后一条路。

形声字有独特的优越性,但是却不能减少异体字。从异体字的角度看,秦汉以前的异体字,绝大部分是表形字和假借字向形声字发展,篆体字向隶书发展过程中产生的文字变易。汉代以后,形声字为主的文字体系和楷书字体已成定型,所以异体字的情况也多表现在这个方面。前面谈到的“炒”字,从《说文》开始一直到唐宋,三十多个异体字,都是形声字。形符或从“鬲”、从“鬻”,或从“火”(灬);声符或从“芻”、从“取”、从“𦍋”(“芻”的讹误)、从“少”。最后“炒”字通行,其余的异体全部被淘汰了。

总之,异体字是汉字体系的必然产物,直到今天,还有乱用繁体字和不规范文字的现象,大都属于异体字的范围。关于这类问题,我们以后再谈。

# 18

问：从词的角度观察汉字的异体字，很能说明这个问题。那么，汉字和汉语的词到底是什么关系？二者有什么矛盾？

答：好，咱们还是用比较的方法，看看字和词的关系在拼音文字和汉字间有什么不同。

前面说过，文字是记录语言的符号；一般的文字都是记录词的。这是拼音文字和汉字的共同点。但是也有不同。

第一，一个汉字有的代表一个词，有的只代表一个词素。例如，"人"这个字在"来了个人"这句话里，"人"是一个词。但在"人民"、"男人"、"女人"、"人物"等词中，"人"只是一个词素。这些词叫做复合词；一个词有两个以上的词素，每一个词素都用一个汉字记录，因此字和词并不等同。这种情况跟使用拼音文字的语言不同。英语的 people（人民）、man（男人）分别用六个和三个字母，一组联写的字母就是一个词，没有字和词的区别。因此，大多数语言只有"词典"，没有与之相并立的"字典"。汉语却既有词典，又有字典，但是词典也要解释字，字典也要解释词义；两者的区别在于着重点的不同。

第二，汉字是一个个的方块字，没有办法从形式上区分单音词和复合词，因而在划分词和词组时会遇到左右为难的情况，词典中不但收"词"，连许多词组也不能不收进去，索性避开词和词组、词素和词的区别这个问题。例如,《辞源》在“人”字条下除单音词“人”以外,共收录了两个音节的词82个,三音节词13个,四音节词条26条,七个音节的词条一条;共122条。如果按照“词”的标准来看,四个音节或七个音节的词条都属于成语、熟语的范围,都是词组,不是词。如“人山人海”、“人云亦云”、“人微言轻”等都各有四个字;“人生七十古来稀”是杜甫的诗,是个完整的句子结构。但这些都当做词条收在词典中。就是两个音节的,是否为复合词,有的也难以确定。如古人把正月初七日叫做“人日”,因为“正月一日为鸡,二日为狗……七日为人”(见《北齐书·魏收传》)。那么,“人日”应该算是偏正词组。《本草纲目》中人的胞衣叫“人胞”,也像是名词性的词组,但是在语言使用中,不管叫它做词组也好,叫它做词也好,对于语言的交际作用并没有影响。前些年语法学界曾经讨论过词和词组的划分和划分标准这个问题,也没有得到结论。也有人主张,用词儿联写的办法,把词排得靠近些,就像印欧语系的文字一样。但也难以做到。可见用外国的规矩衡量汉语、汉字,有时行不通。其实,讲英语、法语语法的人,区分词的标准也只是靠书写的形式,是习惯,并没有一定的原则。例如,offshoot(分枝、支流)、offspring(儿女、后代)是词;off-line(离开路线)、off-street(不靠街面),两个词素之间用短横连接,算是复合词;off shore(近海岸)、off print(单行本)两词分写,又都是词组了。汉字写出的词语没有这种形式上的区别,所以很难给词和词组划定界限。

第三,汉字的读音有个奇妙的现象,同一个汉字,各地方言的读音很不相同,“街”字的普通话读为jiē,四川方言读

gāi,闽南话读 juē,上海读 ga。“哀”字北京读 āi,四川、山东读 ŋāi,兰州读 nāi。因为有这个特点,许多方言不同的人说话彼此听不懂,但是用文字把话写出来就全懂了。人们常说,汉字是一种超方言的文字,就是说的这种现象。

还有一种现象,就是汉字的“重音”或“异读”现象。例如,“虹”字在彩虹、虹吸管等词中读 hóng,单用的读 jiàng。闽南方言有“gàng、hóng、king”三种读法。“夹”字北京话有 kā、jiá 两读:“夹肢窝”(腋下)读 kāzhiwō(山东读 gezhaowo),“夹衣、夹被”的“夹”读 jiá。

古籍中的异读更多,如“窗”和“囱”本是两个异体字。《集韵》“窗”字有初江、麤丛两切,“窗户”的“窗”读 chuāng,烟囱的“窗”读 cōng。唐崔涯《嘲李端端》诗句“鼻似烟窗耳似扇”,“烟窗”即烟囱。

《后汉书·列女传》中班昭被宫中人尊称为曹大家。“家”字同姑,曹大家即曹大姑,这个“家”读 gū。

方言和古籍中的异读,多是汉语音韵变易的遗迹,口语中词语的音变了,汉字仍然是那个汉字,就只好用异读的办法来解决。这种异读现象,古今都有;各地方言普遍存在。

第四,口语的音变了,如果文字也跟着变,这就会产生异体字或同源字。例如,《汉书·高帝纪》说刘邦“常从王媪、武负贳酒”,钱大昕说:“古称老妪为负,若今称婆。皆重唇,非轻唇。”这就是说,“负”字汉代应读 pó,“武负”即“武婆”,因为“负”字读为轻唇 fu,口语却仍读 po 音,所以又造了个“婆”字代替“负”。

“张”字属阳部字,后来因韵尾辅音脱落,变读为 zha,于是用“奓”字代替“张”字，四川方言“张开嘴”为“奓开嘴色”，“奓”读 za，即是“张”的变音。北方话中的“查沙”、“扎煞”、“奓沙”、“鬇鬡”读做 zhásha，都是从“张”这个词孳生的同源词。

又如，“兴”、“起”两个字的关系也是这样。原来大概只有个“興”字，后来也因韵尾辅音脱落而又有了“起”字，春秋古籍中多用“興”，战国以后才用“起”。《论语》一书中“起”字只用了一次（“起予者商也”），其余表“起来”这个词的字全用“興”。这唯一的一个“起”字，也是用以代替“启”字的，是个假借字。到《荀子》等书中，又出现了“兴起”这个复音词。

现在使用的“鞠躬”一词，最早见于《论语》，描写孔子“入公门，鞠躬如也”，表示恭谨的样子，是个形容词。《史记·鲁世家》写作“匔匔”，《文中子》写作“恭恭”，《广雅·释训》也作“匔匔”，这些不同的写法，有的属于通用字，有的则是因复音词的音变而制造的新字。

《诗经·关雎》的“窈窕”（音杳条），《晋书·皇后传》注作“苗条”，《方言》又作“釥嫽”，同一个词因语音变易而用字不同。这类例子多不胜举。

以上四个特点，是汉字特有的。

印欧语系的拼音文字，同口语中的语音变易也有矛盾。例如，有些词的某个字母失去了表音功能，有些字母的读音改变了读法，might[mait]（能力）、high[hai]（高）中的 /gh/ 不发音，laugh[lɑ:f]（发笑）则读 [f] 音。foreigner[fɔrinə]（外国人）的 /g/ 不发音；napalm [neipɑ:m]（凝固汽油）的 /l/，mutton [mʌtn]（羊肉）的 /o/ 都不发音。这显然都是由语音变易跟文字形式的发展不平衡造成的。但是因语音变易而另造新字的情况很少,跟汉字的上述情况大不一样。

## 19

问：请您从同源词的角度谈谈汉字在这方面的变易情况。

答：前面我们谈到汉字字数增多的原因，一个是异体字，另一个是同源词的孳生。现在谈谈同源词的问题。

同源词( cognate word) 本来是词汇学或训诂学中的问题；反映在汉字上，就是汉语词族中的字族问题。"族"就是家族。一个家族包括曾祖、祖父母、父母、兄弟、姊妹等人，汉语词汇中的同源词，也像家族一样，包括一大群同一来源而又有所变易的词，这一群词叫做一个词族。例如，以"方"为核心的这个词族，包括旁、傍、房、帮、辅、並、并、併、胼等字词，这些词都从"方"孳生而成。"方"好比这一族的族长、曾祖，由此而孳生出一个词族。

从汉字的角度看，一个词族往往包括一个或几个字族，"字族"这个术语是沈兼士先生首先提出来的。字族其实就是宋代人开始提出来的"右文"说，是形声字中的一部分。形声字的声符本来是用以表音的，不表词义。例如，"妈"、"码"、"骂"的声符"马"，"江"、"红"、"虹"、"贡"的声符"工"，"松"、"蚣"、"翁"、"讼"的声符"公"，都只有表音作用。但是，以"并"为声符的胼、骿、骈、饼、姘等字，都有"并"的意思："胼指"是两个指头并出;“骿胁”是肋骨比并(身体粗壮的一种表现);“骈文”以四六对偶句并列为特点;“饼”是两层的面食;“姘居”是非婚男女并居。这些字的字义都是从“并”孳生的,因为形声字的声符多在右边,所以古人把它叫做“右文”;也叫做形声兼会意。

这类同字族的形声字很多,下面再举几个例子。

“张”字从弓,长声,本义是张弓。词义引伸为“帐”,帐篷是要张开使用的。吃东西多了肚子发“胀”,于是又造出“胀”字。江河的水增长叫涨水,又造出了“涨”。长、张、帐、胀、涨这些字同属一个字族。

从词族的角度看,“张”这个词族还有许多词。例如《庄子·秋水篇》说:“口呿而不能合。”“呿”字同“奓”,是“张”的音变。“口呿而不能合”即口张而不能合,人见到奇特的景象,常常不自觉地张开嘴。现在四川方言还把“张开嘴”说成“咋开嘴巴”,“咋”是“奓”的异体。但是这就属于超出“字族”的范围了,所以不谈。

“曾”字本是甑字的初文,甲骨文的“曾”字象用甑子蒸食物形,甑子是两层的炊具,因而引伸为增加义,于是造出“增”字。赠给人东西也是一种增益,于是又造出“赠”(“贝”是古代的货币)。又有个“谮”字,《广韵》说:“谮,加言也”,段玉裁说:“谮、加、诬三字互训”,强以罪名加给别人,“添油加醋”,这叫做“谮”(谮和“谮”是同义词)。

“曾”(甑)分两层,因而引伸出层次义,造出“层”字。层次高了,又因高而引伸出“矰”,矰是一种射鸟的矢,因为可以高射,所以叫“矰”。有一种叫做罾的鱼网。《汉书·陈胜传》注说："罾，鱼网也，形如仰繖盖，四维而举之。""繖盖"就是伞，罾网像一把仰放的伞，四角有绳可以把网从上面举起来，现在好多地方还有这种网。山东叫做罾，四川叫做"扳罾"。因为举网居高临下，所以名罾。

"橧巢"是远古人在树上架起的小屋，《礼记·礼运》："昔者先王未有宫室，冬则居营窟，夏则居橧巢。"橧巢即在高处建巢。

曾、甑、增、赠、谮、层、矰、罾、橧等字都是"曾"族字，都从"曾"孳生而成。

又从"农"声的几个形声字都有厚义。"浓"为浓厚；"脓"为细胞坏死后形成的浓厚流汁；"秾"为花木茂盛；"狖"是一种多毛的狗。但"农"并没有厚义，大概先有了"浓"字，然后分化成脓、秾、狖等字。

"霞"、"瑕"、"蝦"、"鰕"、"騢"等字都有赤色义。"瑕"是"玉小赤"，白玉上有红点叫做"瑕"；由此孳生，天空中的彩霞有红色，于是造出"霞"字；一种白红两色相间的马叫做"騢"；"鰕"（蝦）的颜色赤色，因而叫做"鰕"。但"叚"字并没有赤红义，大概是先有了"瑕"字，然后派生出霞、騢、蝦几个字。

这类同族的字多数是因词义引申而产生的。有的字义并没有变化，只是使用的范围或事物不同，也造出新字。例如，从"并"孳生的"骿"字，使用范围（骿胁）有专指，语音也稍有变化，但字义并未变。"胼"字同"骿"字，音义全同，只是一个专指骨（胁）的并列，一个指膙子（胝）并列，便又造一个专用字，这实在是一种"浪费"。这一类的例子有一批，如"泡"和"疱"，"颠"（山颠）和"巅"，"斑"和"瘢"。有的其实就是异体字。

拼音文字很少有这类同源字族，汉字如果变成拼音文字，这类字族也不会产生。例如，把“胼胝”、“骈胁”、“骈文”写成 piǎndi piánxié piánwén，“胼”、“骿”、“骈”便都写成 pián；“并”(bìng) 和“饼”(bǐng) 只剩下声调不同；“姘居”(pīn) 的“姘”拼法稍异，大致分为三组，有些字可以归并。但这个词族的内部联系就看不出来了。

汉字体系的特点，在同源词、同族字这个领域的研究中也可以看出来。当然，关于这方面的研究，如果从词汇学、训诂学的角度分析，还有许多话可说。我在这里只是从汉字的角度谈的。

# 20

问：听了您前面的分析，知道春秋战国以后，汉字逐渐确定了形声字发展的方向；到了汉代，形声字的比例达到汉字总数的百分之八十以上，可见形声字已经成为汉字的主要组成成分。那末，形声字本身是不是也在不断地变化？这种变化是不是也有规律可循？

答：我在前面已经谈了汉字从以表音文字（假借字）为主和以表形文字（象形、指事、会意）为基础的文字体系向形音文字（形声字）发展的总趋势，现在再谈谈形声字的变化及其规律。

形声字的发展变化，从商周文字中的形声字算起，到现在三千多年来，一直没有停止。商周的有些形声字是早期的形声字，后来日趋成熟，变成现代汉字中的形声字，两三千年来的变化，可以归纳出三个方面的变化。

第一个方面是形符的变化。

早期形声字的形符，多数是象形性很强的表形字，后来逐渐向类符转变，形符实际上变成类符。例如：

甲骨文的"凤"字，画一个凤凰（可能是孔雀）的象形字，加注一个"凡"做声符。《说文》的"凤"字，从鸟，凡声，"鸟"是类符，因为凤凰属于鸟类。

甲骨文的“鸡”字，画一个鸡的象形字，再加注声符“奚”。《说文》也变成从“鸟”或从“隹”，也变成类符。

《说文》“城”字下说：“城，以盛民也。从土从成，成亦声。”籀文作“𩫨”，形符作“𩫖”，象城形。西周金文如《班簋》等都作“𩫨”，到战国文字才用“城”字，一直沿用到现在。因为古代的城墙都用土筑成，所以归入“土”类。

《说文》“蜘蛛”二字作“鼅鼄”，或体作“蜘蛛”。秦以前这两个字的形符都从“黽”，汉代才制出从“虫”的“蜘蛛”两个字。“黽”字本象蛙类动物形，和蜘蛛的形状相类，用为形符，仍有象形意，后来换成类符“虫”，笔画减少而且类符化了。

《说文》的“炒”字作“鬻”，从鬻，芻声。“鬻”字是炊器鬲中冒出热气形，后来制出“煼”字，形符变为“火”，成为类符。因为炒煮都要用火，比鬻字简明容易理解。唐代以后声符变成“少”字，于是“炒”字通行至今。

“釜”字的变化也相类。《说文》：“鬴，鍑属。从鬲，甫声。釜，鬴或从金，父声。”说明形符“鬲”变成“金”（声符“甫”变成“父”）。又说：“鍑，釜大口者。从金，复声。”其实也是“釜”或“鬴”的异体字，只是声符变易了。现在“釜”字仍在通用，形符“金”的类符性质更为明显，一切蒸煮用的锅具都是用金属做的。这也表示锅釜从原始陶制的鬲进化到后来改用铜铁等金属。

“肬”（简化字“疣”）字《说文》引籀文作“黕”，形符“黑”变为“肉”，“疣”是长在肉上的肉瘤，比从“黑”容易理解。况且肉瘤不一定是黑色，“疣”字的形符“疒”也较恰当，因为瘤也是一种疾病（不过《说文》的疣字本是“颃”的或体，这个用法没有书证)。

“蛙”字《说文》作“鼃”,从黽,圭声,是个黽形圭声的形声字。《广韵》才有“蛙”字,形符换成“虫”。

形符的改变必须经过很长时间的考验,最后一个形符为多数人所接受,于是成为约定俗成的写法。例如:

“哲”字两周金文都作“悊”,大约到汉代才有了“哲”字,形符“心”和“口”都说得通,但后来“哲”字通行,“悊”被淘汰了。

“袜”字《说文》作“韤”,形符从“韦”,唐宋时又造出从“革”的“韈,韦和革都是制袜的原料,现在北方寒冷地区还用兽皮做袜子。《玉篇》(宋代的《大广益会玉篇》)才有了“袜”字,改用形符“衣”。《说文》解释“韤”字是“足衣也”,用“足衣”释“袜”,非常确切。改用“衣”形很合理,现在做袜子的材料多种多样,蚕丝,尼龙丝,棉纱,毛线,都可以做原料,用“韦”、“革”做类符已经不行了。

第二个是声符的变易。

声符是形声字的表音部分,声符是从表形字借来的,时间久了,或者因为声符本身的读音不明确;或者因为口语中的语音变了,原来的声符不能表音了;或者因为简化;都会促使某些形声字的声符加以变易。例如:

“裸”字《说文》作“嬴”,从衣,𣎆声。这个“𣎆”字许慎说是“或曰兽名”,来历不明,后来制出“裸”字,声符改为“果”。“果”字上古当有 [luo] 音,所以用为“裸”字声符。

“顶”字《说文》引籀文作“䵺”,从鼎声。西周金文也相同,大概到汉代才改为从“丁”声的“顶”。两个声符的读音相近,只是“丁”的笔画少得多。

“袖”字《说文》作“褎”,从衣,采声。后来声符变为“由”。

“蜉”(蚍蜉)字《说文》本作“蠹”,从䖵,橐声,或体作“蜉”,声符变为“孚”。两个声符相比,“孚”字既易写,又明确。

“脓”字《说文》正字作“盥”,从血,農省声。俗作“脓”,从肉,农声。两个声符相较,“农”声更明确。

“鑑”和“镜”当是两个异体字。西周以前,人们只是在瓦盆里放水用以照视,这是最早的镜子,后来有了铜鉴。《广雅·释器》说:“鉴谓之镜。”《广韵》也说:“鉴,镜也。”可见本是一个词,只是因为这个词的韵母变易,所以这个字的声符也从“监”变为“竟”。

“抱”字本写作“捊”,从手,孚声,古音属并母,和“包”读音同。后来“孚”字读为轻唇音,于是改用“抱”字,用“包”做声符。属于这种情况的字还有“孵”和“菢”(抱),书面语中的孵卵,现在口语叫“抱蛋”。

第三种变化是形符、声符都发生变化。

“忘”字,西周《献簋》作“諲”,从“言”、“朢”(望)声,以后变为从心、亡声的忘。

“积”字,西周《沈子也簋盖》作“𥡆”,从亩,朿声,《说文》变为从禾、责声的积。

“播”字西周《师旂鼎》等器作“敉”,从攴、采声。《说文》变成从手、番声的播。

“恭”字西周《何尊》等金器作“龚”,从 𠬞,龙声。以后变为从心、共声的恭。

“视”字古文或作“眡”,从目,氏声。后来变易为从见、示声的视。

以上三类的变化都有一个共同点，就是趋向于简化。

从甲骨文到《说文》，“星”字大都写作“曐”，后来变为“星”，这是形符的简化。

“晨”字简化为“晨”，也属此类。

不少原来从“䖵”的字，后来变成从“虫”，如“蠱”字（虫蛸）变为“蛊”；“蝨”字变为“虱”；“蠿”字变为“蛾”等。

“赏”字从贝，尚声。西周金文多作“賞”，这是声符的简化。

“蚍”字的《说文》正字作“蠯”，后来变成形符声符都简化了的蚍。

“召”字从口、刀声，笔画不多，可是西周《大盂鼎》等器的“召”却写做“𥃝”，从“𥁕”，召声。后来的“召”字大大简化了。

前面已经说到的例字，多半都有简化的成分，不再多说了。

从前面的分析看，可以看出，形声字是在不断地变化，这种变化有一定的规律性。这些规律可以归纳为三条：一是形声字的形符逐渐走向类化，根据事物的性质及其关系分为四五百个类别。许慎的《说文解字》分为五百四十部，绝大多数的“部”都是根据形声字的形符划分的。这种部首分类法，一直延续到今天的大型汉语字词典。现在部首的数目有所减少；有些形符仍在变化。第二条规律是声符的变化。汉字声符的变化最复杂，最频繁，而且始终难以解决汉字的表音问题。这有两方面的原因：一个是汉语方音的差异和古今音变易太大太复杂，用同一个汉字的声符表示这些差异，必然会产生矛盾。第三条规律是形声字的简化。简化应该包括合理化；约定俗成也是很重要的因素。这三条的总精神，是汉字形声字逐渐成为更加合理、更加简化、更为完美的形音文字体系。

汉字形声字是否能够完成这个变化？文字学家有不同的意见，无论如何，都要首先研究汉字演变的历史，掌握汉字——尤其是形声字的演变规律，才能做出有说服力的判断和推断。这就是我对这个问题的看法。

# 21

问：有的文字学家说，形声字也好，象形、会意字也好，现代汉字的楷书，已经失去原来的笔意，变成无理性的符号，形声字的形符也已经没有表形的作用。您对这个问题有什么看法？

答：先谈谈形声字的形符是否还有作用这个问题。

前面咱们已经讨论过，形声字的形符逐渐向类符变化。从商周代到现在的形声字，形符逐渐完成了这个变化，类符是从以象形字为依据的早期形符逐渐合并、类化、简化而成的。例如，以“犬”为形符的“狼”、“狈”和犬同类，用“犬”为形符，还有象形的意思，但“狐狸”、“猿”、“猩猩”、“狻猊”（狮子）、“猪”、“猹”（獾类）、“獾”、“貘”、“狮”、“猴”、“獐”等动物，从动物分类学的角度看，都与犬不同属，但都用同一形符。这说明形声字的形符已变成一种类符。这个“类”不同于动物学上的分类，大部分兽类都可加上这个形符。有些原来以“豸”为形符的字，后来多并入“犬”部，或成为两者并存的异体字。如“豻”（胡地野狗）或作“犴”；“豺”又作“犲”；“狐”又作“㺉”；“貁”（长尾猿）又作“狖”；“貂”又作“犳”；“豿”（能虎子名）或作“狗”；“狸”本作“貍”；“猫”本作“貓”；“猪”本作“豬”、“豬”；“猬”本作“蝟”；“猿”又作“蝯”；“猱”原作“獿”；“貘”字《说文》作“貘”；这种分属两部的异体字,正是“豸”部字逐渐并入“犬”部的证据。

还有些从“犬”的字并不是兽名。如“怯”字,《说文》作“狯”,从犬,去声,又作“怯”,从造字者的用意推测,大概因为人见了野兽便有所畏怯,所以用“犬”做形符。“狷”字的狷急义,大概是从兽类性急而造出的字。“猜”字的嫉恨义,“狭”字的窄狭义,“猛”字的凶猛义,“猾”字的狡猾义,“獉狉”的原始和文化未开义,都和兽类的某些性格有关,因而也以“犬”为类符。从这些字可以看出形符用在抽象词语中的联想作用。

现在我们看看,形符在现代形声字中是否有用。

赵元任先生曾经用同音字编制过几段话,说明在“某种用文字的场合里头,是非用汉字不行”。就是说,在这种场合下,不能使用纯表音的拼音文字。现在转引一段:

石室诗士施氏,嗜狮,誓食十狮。氏时时适市视狮。十时,适十狮适市。是时,适施氏适市,氏视是十狮,恃矢势,使是十狮逝世。氏拾是十狮尸,适石室。石室湿,氏使侍拭石室。石室拭,氏始试食是十狮尸。食时,始识是十狮尸,实十石狮尸,试释是事。

这很像相声中的一段绕口令,用 shi 这个音节拼凑成一个故事。一共用了 92 个字。除去重复出现的字,共 38 个字。其中,室、施、诗、嗜、狮、誓、时、适、视、恃、势、使、逝、拾、湿、侍、拭、始、识、试、释共 21 个形声字。另外的石、士、氏、十、市、世、食、事等字是表形字。这段故事之所以还能看得懂,就因为有这些形声字的形符和一些表形字的作用,例如,“室”字从宀,至声,可确定为表房屋的室;“嗜”字从口,耆声,可确定为嗜好的嗜;“狮”字从犬,师声,可确定为狮子的狮……。如果把这些同音而义异的词或词素用同一个表音字写下来，那就很难把这九十多个音节连成一个故事了。

大概有人会说，赵先生举的例子是文言文的例子；如果用现代汉语写文章，形声字就没有这么大的作用，因为现代汉语的复音词比较多，同音词很少。这的确有点道理，单说一个"狮"字，听起来很难同"尸"、"师"、"诗"、"施"、"湿"等字区分，如果说成"狮子"，同音词就只有个"虱子"；单说一个"时"，同音词有"石"、"识"、"实"、"拾"、"食"等字，若说成"时候"，就没有与之完全同音的同音词了。

但是这只是一个方面的情况，拿现代汉语的复音词来说，词素的结合并不是单纯的语音结合，每个词素都有相对独立的词义，不能任意写成别的同音字。例如"使命"的"使"不能写成始、驶、史，"驾驶"的"驶"不能写成使、史、始，"首饰"和"手势"是完全不同的两个词，"服侍"和"服饰"也全不相同。

成语、熟语中的词素义也往往因形声字的形符而明确，例如："大势所趋"的"势"误写做"事"；"无所适从"的"适"误写做"是"；"拭目以待"的"拭"误写做"视"；"有恃无恐"的"恃"误为"事"或"势"，都会失去原有的含意，叫做写别字。

况且，现代汉语中的单音词也并不算少，单音词用一个字记录一个词，形声字形符的作用更为明显，这在上面已经说过了。

现在我们再看看，形声字的形符为什么有这种作用。

要回答这个问题，要从符号学的角度加以分析。

我们先前曾说过，文字是记录语言的符号体系。文字大体上可分为两个体系，一种是拼音文字；一种是以汉字为代表的形音文字。拼音文字的特点，是用几十个表音符号（字母）记录词语。汉字则是兼用表音和表形的符号记录词语。从符号和信息（词语、句子）的关系来看，拼音文字和词语的关系只有语音一个方面的联系；汉字则除了表音以外，还有表形方面的联系。语言中的词，有两个要素：一个是词的语音，一个是词义。用文字符号把一个词记录下来，如果只记录其语音，有时很难理解其词义。如果兼有提示词义的作用，就不会在理解上产生歧义。例如，汉字常用字读作 gān 这个音节的字有干、杆、肝、矸、竿、甘、坩、泔、柑、疳、尴等，如果只用 gān 这个记音符号，便很难判断究竟是哪个词，但用汉字写出来就大不相同了。“杆”字的形符是“木”，可以提示，旗杆、电线杆的杆多用木制成；这个形符“木”起到提示词义的作用，叫人看了，立刻同旗杆、栏杆这些东西联系起来。“肝”字从“肉”（楷书变为月），可以使人想到猪肝、肝胆的肝。泔水的泔从水；柑橘的柑从木；疳积的疳从疒；煤矸石的矸从石……都有这种作用。两相比较，兼表形音的汉字在辨词和记忆时都有明显的优点，通过形符和语音两方面的提示，有助于对这个字所记录的词或词素加以辨识。

汉字的这种特点，也可以从外国人学习汉字的过程中得到印证。外国人学习汉语口语，并不会感到特别困难，但是对汉字却感到很难学，我认为这主要是学习方法不对头。有个朋友教几个外国学生学汉字，先讲汉字的一些特点，再讲一些表形字、形声字，效果很好。在认识了几百个汉字以后，再认新形声字，如果是“水”部的字，就能判断这个字一定和水有关；如果是“犬”部的字，就在兽类中揣测，再加上声符的提示，往往能猜出十之五六。

利用形声字的形符还可以在汉字教学中发挥纠正错别字的作用，这里不讨论这个问题。

总之，否认形声字的表形要素，硬说汉字是一种表音文字，这个观点不正确。说汉字是表音文字，这种观点是从国外来的，欧洲语言文字学家对汉字的性质改变了三次说法。二十世纪初，说汉字和埃及古文字都是象形文字，二十年代又说汉字是表意文字，近一二十年来又说汉字是表音文字。其实这三种说法都不对，汉字是以表形字为基础以形声字为主要因素的文字，是一种兼表形音的文字体系。否认形声字的形符作用，说汉字是纯表音文字，这种观点不正确。

# 22

问：现在请您谈谈形声字的声符，形声字声符的表音作用是否同拼音文字的表音作用相同？有人说，形声字的声符已经失去表音的功能，例如，“抬”、“治”、“贻”、“笞”四个字都从“台”声，读音应该相同，但有四个不同的读音，可见声符的表音作用已经丧失。您怎样看待这个问题？

答：应该肯定形声字声符的提示作用，形声字的声符同拼音文字有相同的地方，也有不同的地方。相同的是两者都具有表音作用，这一点不必多说。

二者不相同的地方有两点：第一，形声字的声符并不是理想的表音符号。声符本身也是汉字。用一个表音节的汉字当做表音符号，远不如拼音文字用字母记音较为精确、方便。第二，形声字用声符表音，同时还有形符的表形、分类作用；这两者都有提示的作用。形和音两方面的提示作用可以弥补表音不足这方面的缺点，而又有利于不同方言地区的人使用同一个汉字记录同一个词。

其实，拼音文字的字母同口语的实际读音也并非完全一致，英语的 night（夜间）读做 [nait]，/gh/ 两个字母不发音了，但这两个字母却不能省略。garden（菜园）英国标准音读 [gɑ:dn]；car（车辆）读 [kɑ:]；bear（熊）读 [bεə]；这些 [r] 都不发音

（但美国英语则把这类 [r] 读成卷舌音）。不过这种读音与字母拼法之间的不一致并不严重。这个问题我们前面已经谈过。

汉字的情况就大不相同了。

首先，形声字的声符不能表示声调的不同，同一个声符，往往用以表示不同的调类。例如，以"莫"字为声符的字，"摸"（摸鱼）读 mō，属阴平，"谟"、"馍"、"模"、"摹"、"膜"（耳膜）读 mó，属阳平，"漠"（漠视）、"寞"（寂寞）、"蓦"（蓦然）、"瘼"（民瘼）都读 mò，属去声，分别读为三个声调。

从"古"声的"估"（估计）、"姑"、"轱"（车轱辘）、"菇"（冬菇）、"蛄"、"酤"、"辜"等字属阴平；"诂"（训诂）、"牯"（牯牛）、"盬"（瓷盬子）等字读上声；"故"、"固"、"堌"（地名）、"崮"（地名）、"痼"（痼疾）等字读去声。这类字很多，这里只举上面两组字。声调是汉语语音的特点之一，一个字读错了声调往往会造成歧义。但形声字的声符却不能分辨声调，要识字者联系词义细心牢记，这不能说不是个缺点。

汉字中还有一种"重（chóng）音"现象，也是拼音文字少见的。例如，同一个"参"字，在"参加"、"参观"等词中读 cān；在"人参"、"参商"（星名）等词中读 shēn；在"参差不齐"这个熟语中读 cēn，有三个读音。"差"字在"差错"、"差数"两词中读 chā；在"差不多"一个词组中读 chà；在"出差"一词中读 chāi；在"参差"中读 cī，共有四个不同的读音。"咯"字在"咯吱"、"咯嗒"两词中读 gē；在"咯血"、"咯痰"中读 kǎ；用做语尾助词时又读 lo（好咯）。"会"字有 huì（开会、会合）、kuài（会计）两个读音。"茄"在"雪茄"(jiā) 和"茄子"、"番茄"(qié) 中读音不同。“解”字在“解放”和“解款”两词中声调不同，山西有个解县（今运城县）又读作 xiè。这类重音、多音现象也是汉字在表音方面的一个特点。

至于因方言不同而读音有异的情况，就更为普遍。这是由方言中的语音变化步调不一所造成的，从汉语的音韵变化来说，在声母、韵母、声调三方面都有古今不同的许多变化。在声母方面，如中古音唇音分化出“轻唇”；舌尖音分化出舌上音；舌根音分化出舌面音；塞浊音的消失等。在韵母方面，元代中原音入声的逐渐消失；闭口韵 /-m/ 的消失等，声调的变化，在调类、调值方面，各地方言多有不同。这些变化反映在方言中，就形成一字多种读法的奇特现象，同样一篇文章，用普通话（北京音）读跟用广东话读，听起来几乎全不相同，上海人又是另一种读法。

普通话“合”和“何”同音，但广东话“合”读 [hɔp]，“何”读 [ho]。普通话“答”和“大”声韵相同，但广东话“答”读 [tɑp]，“大”读 [tɑi]。普通话“百”和“败”声韵相同，但广东话“百”读 [pɑk]，“败”读 [pɑi]。从音韵史上看，“合”、“答”、“百”都是古入声字。大约在十三世纪，北方话的入声逐渐消失，同与之相当的韵部合并，因而形成了“合”、“何”同音这类现象，广东话、闽语，至今还保留着入声字的读法；因此就形成了各地读音不同的现象。

有些字的读音，古今没有大变化，方言间的差别就小。例如，属于《广韵》寒韵的“寒”广东话读 [hon]，“单”读 [tɑn]，都同北方话相同或相近。和寒韵相对的“谈”韵字就不一样。北京音“甘”和“干”同音；但广东话和闽语“甘”字读作 [kɑm]，北京“淡”、“旦”同音，但广东“淡”读 [t‘am]。这是因为古闭口韵 [-m] 还在广东话、闽语中保存着。

汉字读音的这种特点，当然不限于形声字；所有的汉字都是这样。

汉字读音和形声字声符的这种特点，有明显的优点，又有明显的缺点。优点是这种文字的“超方言”性。在汉语方言纷歧的情况下，用汉字写出的书面语言，可以成为汉语通行地区的交际工具。这在维护国家统一、继承华夏文化等方面，都是一个极重要的因素。如果汉字在几千年前不是向形声字方向发展，而是早已变成一种拼音文字；那么，像广东话、闽语、吴语这些方言，可能早已变成不同的语言了。这可以拿别的语言来比较。比如古罗马使用的拉丁语，后来变成许多分支，变成不同的文字；在政治上则成为好几个国家，如意大利、西班牙、葡萄牙、法国，还有东欧的罗马尼亚等。其实就语言的差异来说，这几种语言之间的差别，比起汉语广州话和北京话之间的差别还小得多呢，只是因为用的是拼音文字，所以差异就特别显著，他们不但说起来彼此不懂，写出来也看不懂。汉语则不同，一个北京人同广东人、上海人交朋友，谈问题，如果听不懂，完全可以借助于书面语。不但在国内，甚至在借用部分汉字的日本、朝鲜、韩国、越南，也还可以利用汉字当做交际的提示性工具呢。

但是，这个优点同时也有个相应的缺点，就是标音不确定。

从符号学的观点看，拼音文字这种符号的表音性能很好，如果打分，可以打八九十分。但是这种文字的表形功能很差，字母的排列也可以算是字形，这种字形也有辨识词语的作用，但这种字形是无理性的，这方面的作用只能打十分。汉字的表音功能只能打五六十分，字形的功能也能打五十分，两者相加是一百分。如果汉语改用纯表音文字，分辨词义的作用就少得多。所以研究形声字的功能要看全面，形和声是两条腿，但是每一条腿都有点毛病。拼音文字有一条很有力的腿，但只有这一条腿。

从形声字本身来看，形符表形表类的作用还看不出大的缺点；声符的缺点却非常显著。除了表音不确定以及一字重音这些缺点而外，还有同声符不同音这个缺点。例如：

“且”字现在读 qiě。但是用“且”做声符的“祖”、“阻”、“诅”、“组”等字读 zǔ；“租”字读 zū；“姐”字读 jiě；“助”字读 zhù。有的只是声调不同（祖和租）；有的声母不同（助）；有的声韵都不同（姐）。

“者”字现在读 zhě。用“者”做声符的形声字，常用字中只有“赭”字和它同音。其他如“都”、“睹”、“堵”、“赌”等字读 du；“诸”、“猪”、“箸”等字读 zhu；“奢”字读 shē；“绪”字读 xù，有的声韵变易很大。

从“或”声的形声字，“國”字、“域”字不同音；跟“或”同音的只有“惑”字。

从“每”声的“敏”(mǐn)、“诲”(huì)、“海”(hǎi)、“侮”(wǔ)、“梅”(méi) 分别读成五个不同的音节。

其他如从“台”声的“治”、“抬”、“笞”、“冶”等字；从“圭”声的“街”、“卦”、“哇”、“奎”等字，字音差异很大，很难胜任声符的作用。

如果用音韵变易的知识看上面的这些声符，每一种变易都可以指出它的变易规律。例如，“者”字上古音属鱼部，两周金文的“诸侯”都写作“者侯”，可见那时“者”和“诸”读音相同或相近，“都”、“睹”、“堵”等字的读音保存了较古的音读。后来这类字的声母变成舌上音（t- → ʈʂ-），于是出现了“诸”、“猪”、“箸”这些字的读法。“奢”字是又一层次的变易，“绪”字的读音变易更大，不过鱼部字今读为 [-y] 音，也是正常的变化，只是声母变为“邪”而已（《广韵》徐吕切）。

可见这些形声字的声符并不是哪个人任意制造的，在制定这些字的时候，声符的表音功能是可以肯定的；后来由于语音变易，原来同音的字变得不同音了，于是产生了上面列举的那些现象。

但是现代汉字是现代人使用的，在学习这类汉字的时候，不能要求人人都要懂得这些声符的音韵变易史。不能不说这是形声字的另一个缺点。

由于汉字在表音方面的这些缺点，所以从明代以来，就出现了许多给汉字注音的符号。如明代传教士金尼阁在《西儒耳目资》中使用的拉丁字母符号，二十世纪的注音字母、国语罗马字以及现在正在使用的拼音方案，都是给汉字标音的符号。关于这个问题，这里就不谈了。

# 23

问：请您谈谈异体字整理和简化字的问题。

答：前面谈过汉字异体字产生的原因和一般情况，在这个认识基础上再看异体字整理和汉字简化，就能够从汉字发展历史的角度看这个问题了。

从文字应用和学习的角度看，异体字是一种多余的繁重的负担。按照符号学的基本原则，一个事物或概念最好只用一个符号。文字符号也是如此。例如，甲骨文的“并”字写做𠀤或㚘，都象两人并立形，前者侧身而立，后者作正面而立形。隶化以后，前者作“幷”或“并”，后者作“竝”、“並”，《说文》又增出了“併”，于是分化出五六个异体字。这实在是汉字的一大缺点。

从历史上看，秦始皇、李斯的“书同文字”政策，是第一次由中央政府用行政命令的办法实施的异体字整理。他们以秦国通行的文字为准，对历代通用的文字稍加省改；废除了六国文字中的大量异体字。这是一次影响很大的文字改革政策。按照当时规定，文字一定要按照《仓颉篇》、《博学篇》、《爰历篇》三部新编的字书书写，不能乱用异体字，违反者要受法律制裁。这种规定，一直维持到西汉。《汉书·艺文志》说：“吏民上书，字或不正，辄举劾。”可以为证。

但是这种局面没有维持多久，异体字又大量出现了。东汉出现的异体字主要有两个方面：一是古文经中的六国文字重新出现；二是新产生的异体字层出不穷。到了唐代，出现了一批半官方的“正字”著作。如《干禄字书》一类著作，采取了折中的办法，规定了“正字”、“通用字”和“俗字”三类字，承认在日常交际中可以使用通用字、俗字，但在奏议、考试等正式场合，只能用正字，这种办法一直延续到清代。

宋元以来出现的简体字，也是异体字的一种。这类字大量出现在各种俗文学作品的抄本中，其特点是笔画较少，便于书写。这类字的情况比较复杂：有的完全符合汉字的构造规律和趋向简化的优化趋势；有的吸收了行书、草书的笔法；有的因笔画减少失去了原来的理性；还有些讹字。五四时期钱玄同先生就曾向当时的教育部门提出过“减省汉字笔画方案”和“采用固有而较适用的简体字案”，三十年代文化界二百多人曾提倡用“手头字”（即简化字）印书，都没有得到施行。

解放后，人民政府成立了专门机构，分别对异体字的整理和汉字简化进行研究。1955 年 12 月 22 日公布了第一批经过整理的异体字表。表内异体字共 810 组，每组最多六个字，最少两个字。共 1865 字。经过整理，共精简 1055 字，这个异体字表中的异体字，都是从当时的报刊书籍中搜集来的，属于常用字、通用字的范围。经过整理，淘汰了一千多个异体字，这从文字应用的角度看是非常必要的，是很有价值的。

但是当时最重要的工作则是“汉字简化方案”的公布。这个方案，1955 年 10 月由中国文字改革委员会会议通过；1956 年 1 月 28 日由国务院全体会议 23 次会议通过，向全国发布。

这个方案包括 515 个简化字和 54 个简化偏旁。1964 年 3 月由文改会、文化部、教育部发出的“关于简化字的联合通知”，又扩大了简化字的范围和字数。其中因偏旁简化而成的简化字列举了 1754 个。

简化字虽然也是异体字的一种，但事实上异体字整理表并没有完全实行。因为按照上述决议，简化字才是“正体”，“异体字表”中的一部分正体，后来则改为与之相应的简化字。

这就是五十年代异体字整理和汉字简化的大致情况。

这是汉字历史上最大的一次汉字改革。经过三十多年的检验，证明经过整理和简化的现代汉字，能够充当汉语的书面语言符号。三十多年来的报刊、教科书以及各类著作，除古籍的重版和引用外，都使用了简化字，没有遇到什么大的困难和不便。因为简化字大量减少了汉字的笔画，节约了学习和书写的时间，这是很明显的。

汉字简化是汉字发展的趋势，许多简化字已经有了一千多年的历史，是经过长期检验的。例如：

“牦”字《说文》原作“犛，从牛，𠩺声”。《集韵》有了从牛、毛声的“牦”，比“犛”字笔画减少了，声符也明确，“异体字表”和“简化字表”都采用了。

“杯”字《说文》作“桮”，汉简多作“杯”，《广韵》又有“盃”字。秦汉典籍中这三个写法都有，今“异体字表”和简化字都采用“杯”字。

“钵”字《说文》作“盋”，重文作“鉢”。《正字通》又作“缽”，苏轼诗中已用此字，这大概因为古代多用铜制鉢，唐宋以后改用陶瓷，所以又造了“缽”字。“异体字表”和简化字都采用了“钵”字。

“灯”字《说文》作“錠”,徐鉉注:“錠中置燭,故謂之鐙,今俗别作燈。”《玉篇》作“灯”。《正字通》说:“灯,俗燈字。”今简化字采用“灯”字。

“籴”字《说文》作“糴”。《广韵》收入俗字“籴”,为简化字所采用。

“党”字《说文》作“黨”,“不鲜也。从黑,尚声。”用为乡党、党派义,乃是同音假借。《集韵》的“党”为古族名(党项),宋元以来俗文学作品如《太平乐府》、《金瓶梅》等都用为“黨”字的简化。

“担”字的繁体为“儋”、“擔”。《玉篇》有“担”字,注:“担,拂也。”本不是一字。清翟灏《通俗编》说:“俗以此通擔负之儋。”当是简化字所本。

“达”字是《说文》“達”字重文。简化字据重文。

“从”字《说文》分为“從”、“从”二字,其实当是一组异体字或“古今字”。徐灏《说文注笺》说:“从、從古今字。从,二人相随,即从行之义。后加义符辵,随行之义遂为從字所专。”简化字的根据是初形。

“辞”字见《正字通》,是“辭”的简化字。

“处”字见《说文》,重文作“處”。后来“處”字通行,简化字用“处”,是恢复了它的正字地位。

“虫”和“蟲”本是两个字。“虫”象蛇形,《说文》说:“虫,一名蝮,博三寸,首大如擘指。”许伟切,应读为“虺”。“蟲”字下说:“有足谓之蟲,无足谓之豸。”是昆虫正字,但汉代人已用“虫”作昆虫字,《武威汉代医简》云:“治久咳上气喉中如百虫鸣状。"可为铁证。简化字以"虫"代"蟲",是恢复了汉代就开始的用法。

"蚕"字《说文》作"蠶",从䖵,朁声。《广韵》已有简化的"蚕",元代杂剧习用"蚕"字,五四时期也已通行。鲁迅《祝福》中的"养蚕"就用"蚕"代"蠶",简化字采取了这个"俗字"。

"尘"字《说文》作"䴛",解为"鹿行上扬也。从麤,从土。"是个笔画很多的会意字,后来楷化简化作"塵",省为一只鹿。明代的《字汇补》收录了"尘"字。这个写法笔画极少,但比"塵"字的意思显豁,是造得很好的一个俗字,简化字采用了。

有些简化字虽然于古无据,但是很符合汉字发展的趋势。例如:

"彻"是"徹"字的简化,是新制的形声字。《说文》说:"徹,通也。从彳、从攴、从育。"又说:"徹,古文徹。"甲骨文有字。罗振玉说从鬲从又,"盖食毕而徹去之"。鬲是盛食物的炊器,吃完了,用手把鬲撤去,当是"撤"字初文。《说文》训"通",是因为加了彳为形符,现在简化为"彻",易写易认。

"宾"字的繁体作"賓",《说文》解为"从贝,𡧍声"。但甲骨文本作,象人在屋内迎接宾客形,是个会意字。金文变为从止、从贝,字义隐晦,许慎因而误解为形声字。今简化为从宀、兵声的新形声字,代替了谁也解释不清楚的旧字形"賓"字,并且把从"賓"声的傧、滨、摈、殡等字都加以改造,很符合汉字演变的趋向。

"寿"字的繁体有很多写法,《说文》说是"从老省,𠷎声",以后楷化为"壽",很难写,看不出哪是形符,哪是声符。《康熙字典》只好收入"士"部(《说文》老部)。简化为"寿",吸取了行书笔法,保存了这个字的轮廓,不失为一种特殊的简化手法。

"础"字的繁体为"礎",今简化为"础",用"出"做声符代替了"楚"。声符的由繁趋简,也是汉字发展趋向之一。这种改变,从音韵史上看自然不妥("楚"中古音属语韵,上声;"出"属術韵,入声);但现在普通话已无入声,"出"、"楚"变成同音字(只是声调不同),按形声字的发展趋向,这种改变是允许的。

"迟"字的繁体作"遲",或作"迡",或作"遟",《玉篇》又作"遅",简化为从"尺"声的"迟",声符的表音功能增大了。

"齿"字的繁体作"齒",《说文》又列出古文的写法"𠚕",简化为"齿",吸取了古文写法的精神,又保持了原来的形声结构。以"齿"为形符的"龄"、"龅"、"龆"、"龈"、"龋"、"龉"等字也因而简化。

以上两类是简化字的主要部分,我举这些例子,只是在说明,简化字的方向是对的;三十多年来使用简化字的实践,也证明了这一点。最近一些年,有一股风,似乎繁体字比简体字更好,在许多场合乱用繁体字,这就造成了文字使用上的混乱。

当然,简化字也不是十全十美无懈可击的。例如,邓、汉、观、鸡、艰、仅、轰、戏、对、双等字,用"又"代替了"登"、"英"、"雚"、"奚"、"堇"、"车"、"壴"、"丵"、"隹"等形音义都不相同的部件。其次,用草书楷化法造出的书、尧、仓、仑、农、东等字,不符合楷书笔画结构的通例。以"斗"代"鬥",以"叶"代"葉"等同音代替字也有可商议处。但是,文字一经规定,就不能由少数人任意加以改变。将来在适当的时候,在主管部门的主持下加以研讨,是完全必要的。

还有一个问题，是不是繁体字一律加以禁止呢？也不是。1956年国务院“关于公布汉字简化方案的决议”中说：“（简化字）在全国印刷的和书写的文件上一律通用；除翻印古籍和有其他特殊原因以外，原来的繁体字应该在印刷物上停止使用。”那就是说，繁体字在一定范围内并不停止使用。翻印古籍还是保留原来的写法好。如加简化，有时会引起误会。当然，对古籍的注解，可以用简化字。汉语字典一般都在简化字后注明繁体字，如《新华字典》。有的则繁体、简字都作字头，如《汉语大字典》。前几年我出版了两部关于训诂和通假字的专著，原稿用的是简化字，但书中引用了许多繁体字。如果在排印时把这些繁体字保留下来，排字工人感到困难。因为那时印刷厂的繁体字盘设在另外的车间，排字时不胜往来奔波之劳，因而只好索性都用繁体字，这个情况，大概也算是“其他特殊原因”之一吧。《汉语大字典》也不是一律用繁体，而是繁简兼用。在引用书证时，一般用繁体；编者的注释考证都用简体。这也是很费了心思才摸索出的办法。上面的一些事例，可以当做上述“决议”中关于停用繁体字的注解。

关于整理异体字和汉字简化的问题，就谈这些吧。

# 24

问：请您谈谈国语注音符号和拼音方案问题。拼音方案是否可以代替汉字？

答：先谈谈这些注音符号或拼音符号的产生经过。

我们在前面已经大略谈到了汉字在表音方面的特点，它的超方言性，这是个优点，也是个缺点。优点是在这样一个人口众多、地域宽广、方言纷歧的情况下，能够利用它当做统一的书面语言交际工具，中国四千年来基本上保持了以统一为主的局面。这是汉字极大的优点。

但是随着时代的变化，汉字的这种优点已经消失，它的缺点就显露出来了。这是因为，大约从明代开始，汉语的北方方言逐渐成为在全国通行的“官话”，这种官话逐渐确定以北京音为标准。这就需要有一套给汉字注音的符号。早先给汉字注音，都用直音和反切。反切是用两个汉字的读音拼切出一个字的读音，但是反切字本身的读音并不确定，切出的音怎么能确定？所以，从清代末年起，王照、劳乃宣等人已提过《京音简字》方案。1918 年当时的教育部公布了“注音符号”，这是利用简化汉字制成的较好的一套为北京音注音的符号。这一套符号至今仍在香港、台湾通行，大陆出版的《新华字典》、《辞源》等词典，也都加用这套符号。

为了使汉字的注音体系国际化，1928 年公布了赵元任等人拟定的“国语罗马字”。三十年代瞿秋白、吴玉章在苏联制定的“中国拉丁化字母”传到国内，抗战期间曾在解放区推行。解放后，1956 年国务院发布了“关于推广普通话的指示”，指出汉语统一的基础是普通话；普通话“以北京语音为标准音”，于是在文字改革委员会下成立了“拼音方案委员会”，商定了《汉语拼音方案》。这个方案吸取了明清以来各种拉丁化方案的优点；参照了“北方拉丁化”和“国语罗马字”两套方案的内容，“北拉”的特点是规则简单而不够精细；“国罗”的特点是精细而拼法繁琐，这套方案采取二者之长，做到记音精确而不繁。经过三十多年的使用，证明这是个既切合北京音语音实际又便于在国际上广泛使用的方案。

根据推广普通话的要求，拼音方案发挥了决定性的作用。在没有规定语音规范以前，全国各地的人都可以按照他们的方言方音读文章，发表演说；尽管他们把同一个字读成不同的音，也不能说他错。但是既经规定了语音标准，大家就只能按照北京音读，你按山西方音或广州方音读，都不合标准。在这种情况下，你如果想符合这个标准，在练习普通话时总要经常翻查用这套方案注音的字典。不但吴语、闽语、粤语、客家等几个方言区的人有这个需要，就是北方官话区的人也不例外。例如，“血”字读 xiě（口语）或 xuè，但山东读 xiē，属阴平调。“懈”、“蟹”读 xiè，山东读 xiài；“戒”、“介”、“界”读 jiè，山东都读 jiài，韵母不同。四川的旧入声字多读入阳平调，跟北京音的入派三声很不一样。这类例子多不胜举。要避免读音不误，只有经常翻检普通话的拼音。

目前这套拼音方案已经发挥了很大的作用。小学生开始认字，同时就学会了拼音方案；一面写汉字，一面在汉字上加注拼音。这样既记住了每个汉字的准确读音，又达到了推广普通话的目的。有的语文教师还创造了拼音先行、后补汉字的作文方法，更扩大了拼音方案的作用。现在拼音方案已经从国内走向国际，逐渐代替了旧有的拼音体式。

我看，拼音方案的应用范围还可以扩大一些。例如，汉语中的一些象声词，如丁当（叮咚、玎珰）、唧唧、咕咚、飕（嗖）等，如果直截用拼音写出来，可以省掉一些专用的汉字。五四时期的文学作品已经采用过这种办法。其次，在某些较易读错的汉字后面加注拼音（有些出版物也早已采用），这个办法应该肯定和扩大。比如，"造诣（yì）"误读为"造 zhǐ"，"臀"（tún）误读为 diàn，"蜕"（tuì）误读为 tuō，"殄"（tiǎn）误读为 zhěn，"怙恶不悛（quān）"的"悛"误读为 jùn。总之，一切生僻字或容易读错的字都可以加注拼音。这样做毫无困难，可以给读者很大的方便。还有，外国人名直接用拼音拼写，也可省去音译用字不统一和读音失实的弊病。这几个场合，都可以发挥拼音方案的作用。

至于拼音方案是否可以最终代替汉字的问题，我还是坚持三十多年前的意见：这不大可能。那时我主张，在小学或扫盲初期，用拼音方案当作阅读初级读物和日常交际的书面工具，这是可以的。可以出版一些用拼音方案拼写的通俗读物。再进一步，从小学高年级或初中开始，仍然要学会汉字，这在当时不过是一种设想。从三十多年来的实践来看，拼音读物和单纯使用拼音方案的教学都没有很大的发展，汉字的不可代替，随着汉语在国际上影响的扩大，为更多的人所承认。汉字当然还要发展变化，但是这种变化是沿着汉字本身的发展规律，不可能向单纯表音的拼音文字演变；这是可以肯定的。至于拼音方案，也会当做汉字的注音体系长期存在下去。

这个意见可能会引起一些朋友的责难，但是我在没有读到有说服力的文章以前，仍然坚持这个看法。

# 25

问：请您谈谈关于汉字教学的意见。

答：关于汉字教学，我在前面已经谈了一些，这里再谈几点看法。

第一，汉字的绝大部分是有理性的文字，如果根据汉字的这个特点进行教学，汉字教学就会变难为易。可惜多年来人们都把汉字当做无理性的符号进行教学，所以总认为汉字难学。

第二，现代汉字是从古汉字演变而成的。过去的文字学家多用许慎的“六书”说解释汉字，认为有六种汉字造字法。据我的研究，实际上应该合并为“三书”，过去唐兰先生创立过三书说，我的三书说同唐先生的三书说有同有异。唐先生的三书分为象形、象意和形声三类。我以为应当划分为表形、表音和形声三类。表形字包括六书中的象形、指事、会意这三书，因为这三类字都直接描绘事物的形状，所以都是表形字。假借字是表音字。形声字是兼表形音的字。所有的汉字，除少数例外，都属于这三书。六书中还有一书叫“转注”，那不是造字的方法，而是对一部分同源字的互注现象，用以说明字与字之间的关系。在一般汉字教学中可以不必管它。

第三，要让主持汉字教学的教师掌握一些文字学知识，对

7000个通用汉字加以分类，根据汉字的造字方法进行教学。

如果能做到这一点，汉字教学将会发生根本性的变化，下面各举几个例子说明这三类字的教学特点。

先说表形字的教学。例如“目”字，旧教法只是说这个字的笔顺，一竖、一折、三短横，不解释为什么目字要这么写。如果用造字法解释，可以指出这是个表形字（象形），古文字作、，画的是眼睛的形状，后来变成隶书楷书，于是成为“目”。这样一讲，就把这个字恢复为有理性的符号，不是让学生也来认学古文字，而是教师借用古文字的写法给现代汉字搭个桥，叫学生在脑子里形成一个与文字相对应的图象。从教育心理学的角度看，这种教学法比旧方法效果要好得多。

汉字中的象形字如山、水、木、鸟、犬、马、虎、火、心、手、足、刀、戈、衣、爪、人、羊等字都可以采用这个方法。

六书中的指事字也是表形字，不过用的是象征手法，不是写实法。例如，“上”、“下”两个字，用一横代表一个平面，在平面上面画一短横表示上，在平面下面画一短横表示下（古文字作），后来变成现在的写法。“刃”字在“刀”口上画一个点表示刀刃。“亦”是“腋”字初文，画一个正面的人形，在两臂下画两个点表示腋这个部位（古文字作），是象形加指示符号的指事字。

会意字用两个以上的象形字合在一起，用以表示字义。例如“武”字从止从戈，用荷戈出征的字形表示“武”字的字义。“祭”字从肉、从又（手）、从示，手里拿着肉去祭祀鬼神（“示”是祭祀的符号），用三个字共同表示“祭”字的字义。其他如吠、戒、弄、取、涉、陟、林、森、射、苗等字，都属于这一小类。

以上三类字都是表形字，这些字都可以抓住有理性符号这个特点进行教学。

再说表音字。

现代汉字 7000 个通用字中，约有三百多个假借字，这是汉字中的表音字。假借字的特点是只用这个字的读音，不用这个字的本义。例如，“西”字现在用为西方的西，东西的西，但是，这个字原是个表形字，画一只鸟栖在鸟巢中，是“栖”字初文，后来借用为西方、东西的“西”，就成为只表音不表形的假借字。教这类字的时候，要把它当做无理性的符号，跟学习表形字不一样（也可以拐个弯儿，先讲它本来的字义——鸟栖巢，再说它假借为西方的西）。其他如而、申、东、北、要、前、且、又、也、之、易等字，都属于这一类。这类字在现代汉字中是封闭型的，只有三百多个。词汇中的虚词、符号词，多数都是假借字。汉字中也只有这三百多个字是无理性的符号，即使一个一个“硬记”，也没有太大的困难。

形声字是形音兼顾的字。用形符（或类符）表示事物的类别，例如，江、河、湖、海、浪、流、汗、液等字都以“水”（氵）为形符，这些字或属水类，或同水有关。松、柏、柳、桃、栋、梁、楼等字都属木类或与木有关。形声字的另一部分是表音的声符。声符可以提示这个字的读音，例如，桐、铜、洞、筒、侗（指童蒙无知）、峒（崆峒）等都从同声；杆、肝、矸（煤矸石）、竿、秆、赶、骭等字都从干声；刚、纲、棡、钢、岗等字都从冈声。这些声符的表音并不完全准确，或是声调不同，如“同”是阳平调，“筒”是上声。或声母韵母略异，如“同”(tóng) 的声母为舌尖塞声送气音，“洞”(dòng) 是不送气音。但多数声符都有读音的提示作用。形声字类符和声符这两者相结合,可以帮助人们对这个字的音义有个提示性的了解。懂得了这个规律,即使遇到生僻的形声字,也会大致读出字音,揣测出字义。

例如,“魍魉”、“辋”这几个字都算是比较少用的字。不认得这几个字但对形声字稍有了解的人,大概会根据声符读出这几个字的声音;又会根据形符“鬼”和“车”的不同,猜出“魍魉”属于鬼怪类而“辋”是车子上的部件。如果你再查查字典,找出用例,印象当然更为加深,大概以后就很难忘记了。

可见形声字是更加易学易记的有理性的符号。如果教汉字的教师利用这个规律教学,肯定会使汉字教学变得活泼有趣,彻底改变皱起眉头死记硬背的局面。因为形声字是汉字中的主体,在 7000 个通用汉字中,形声字约占 80%以上,在《汉语大字典》所收近 60000 汉字中,形声字则占 95%以上。再加上 500 多个表形字,可以说汉字除少数假借字外,基本上是一种有理性的符号体系。

以上是汉字三类文字的情况,也就是汉字的基本情况。教师掌握了这些基本知识,可以彻底改变汉字的教学现状。

这是我对汉字教学改革的看法。

这些年我注意到许多语文教师和教育家关于汉语汉字教学改革的试验,如集中识字、拼音先行、后认汉字等,也读到过一些关于汉字表意功能研究的论著。我还参加过少数民族双语研究会的两次学术会议,同好些位长期在少数民族地区从事汉语教学的同志讨论过这个问题。现在把我的意见说出来,希望有更多的同志讨论、研究这个问题,也希望我这些意见能够得到指正。研究汉字的目的之一是对汉字的性质、特点、历史演化规律有更深刻的认识，并利用这些认识改革汉字教学。我国有一两亿儿童和八千万文盲正在学习汉字，少数民族地区和海外华侨都要学习汉语、汉字，随着中国国际地位的日益提高，许多国家也日益重视汉语、汉字的学习。因此，汉字教学的改革就不是一件小事，而是一个重要的课题了。我希望这个问题能引起有关方面和有关专家的重视。